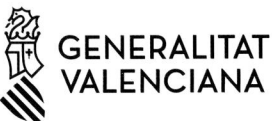

GENERALITAT VALENCIANA

CONSORCI DE MUSEUS DE LA COMUNITAT VALENCIANA

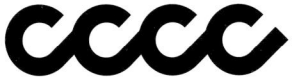

KUNSTHAL ROTTERDAM

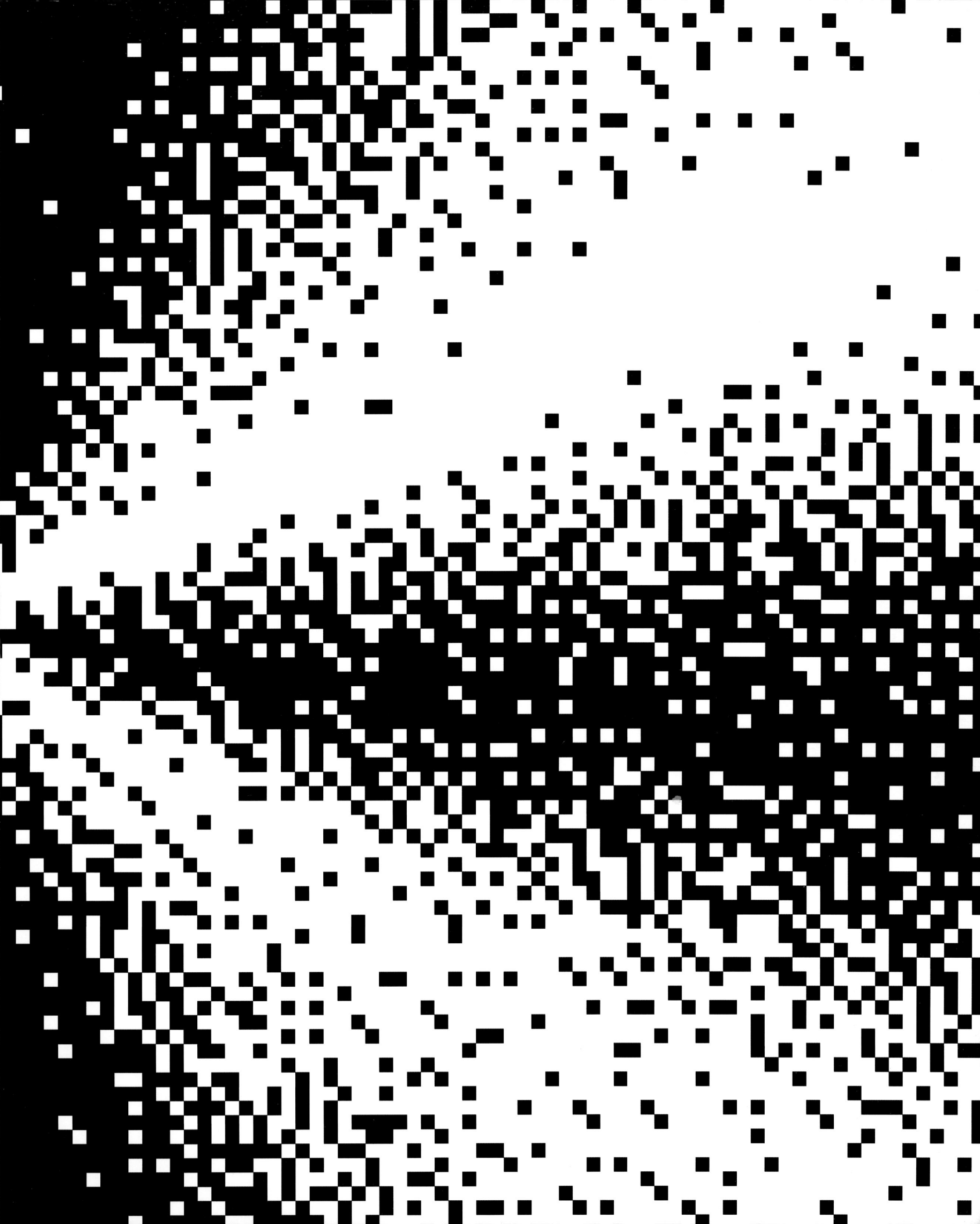

Abril 29 -
Oct. 1 2023

Kunsthal Rotterdam,
Países Bajos

Felipe Pantone
→Prospectiva

Nov. 29 2023
- Abril 14 2024

Centre del Carme
Cultura Contemporània
Valencia, España

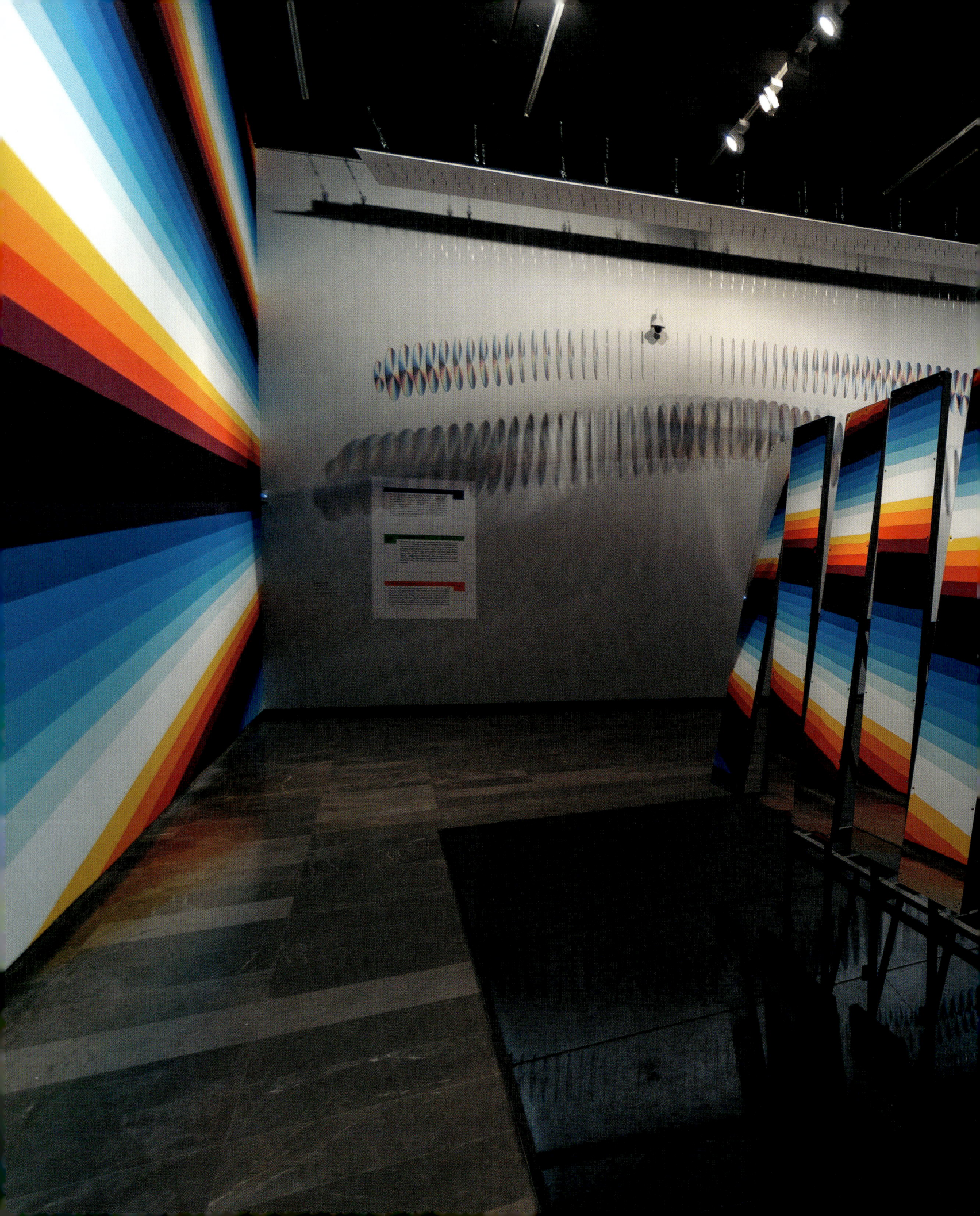

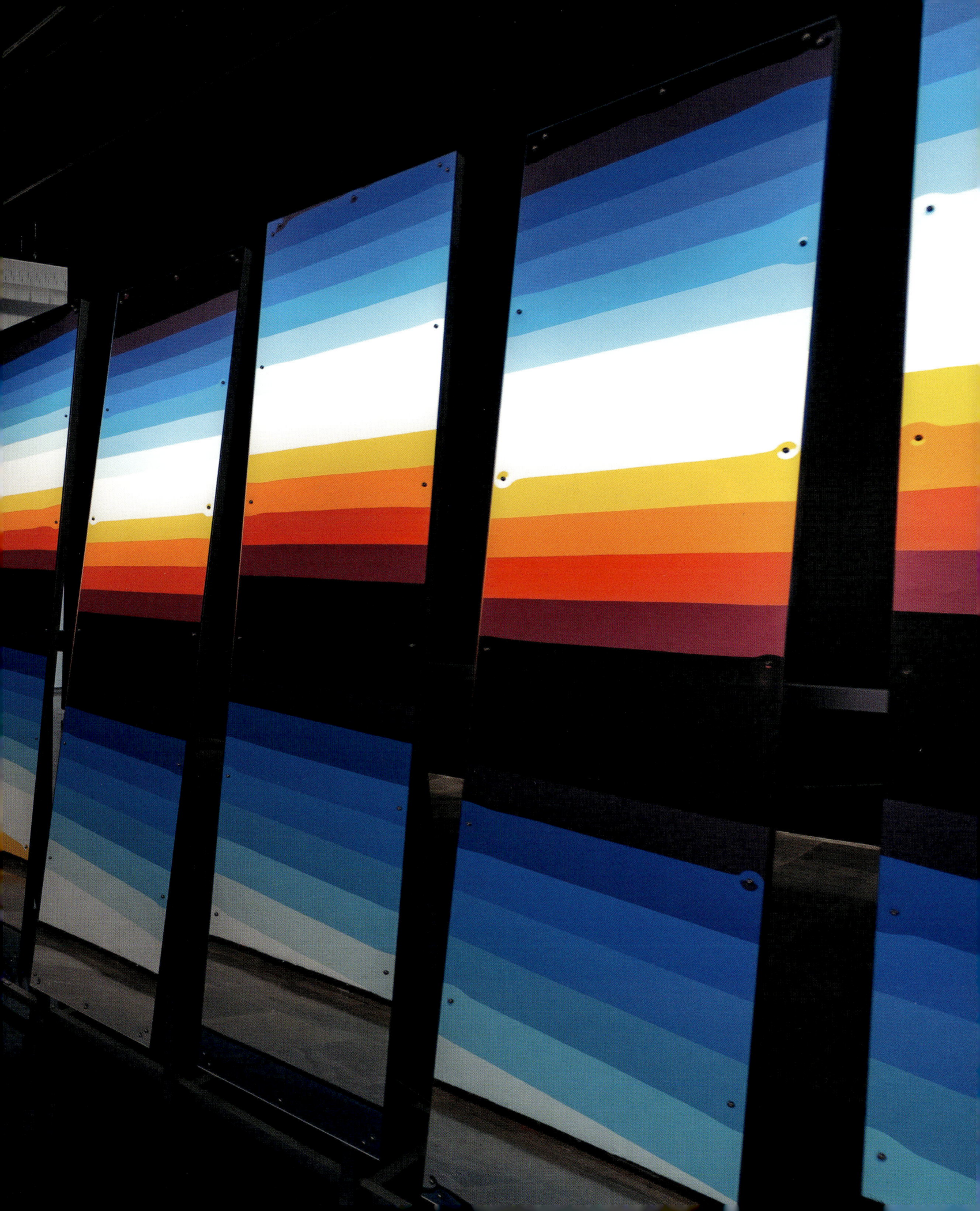

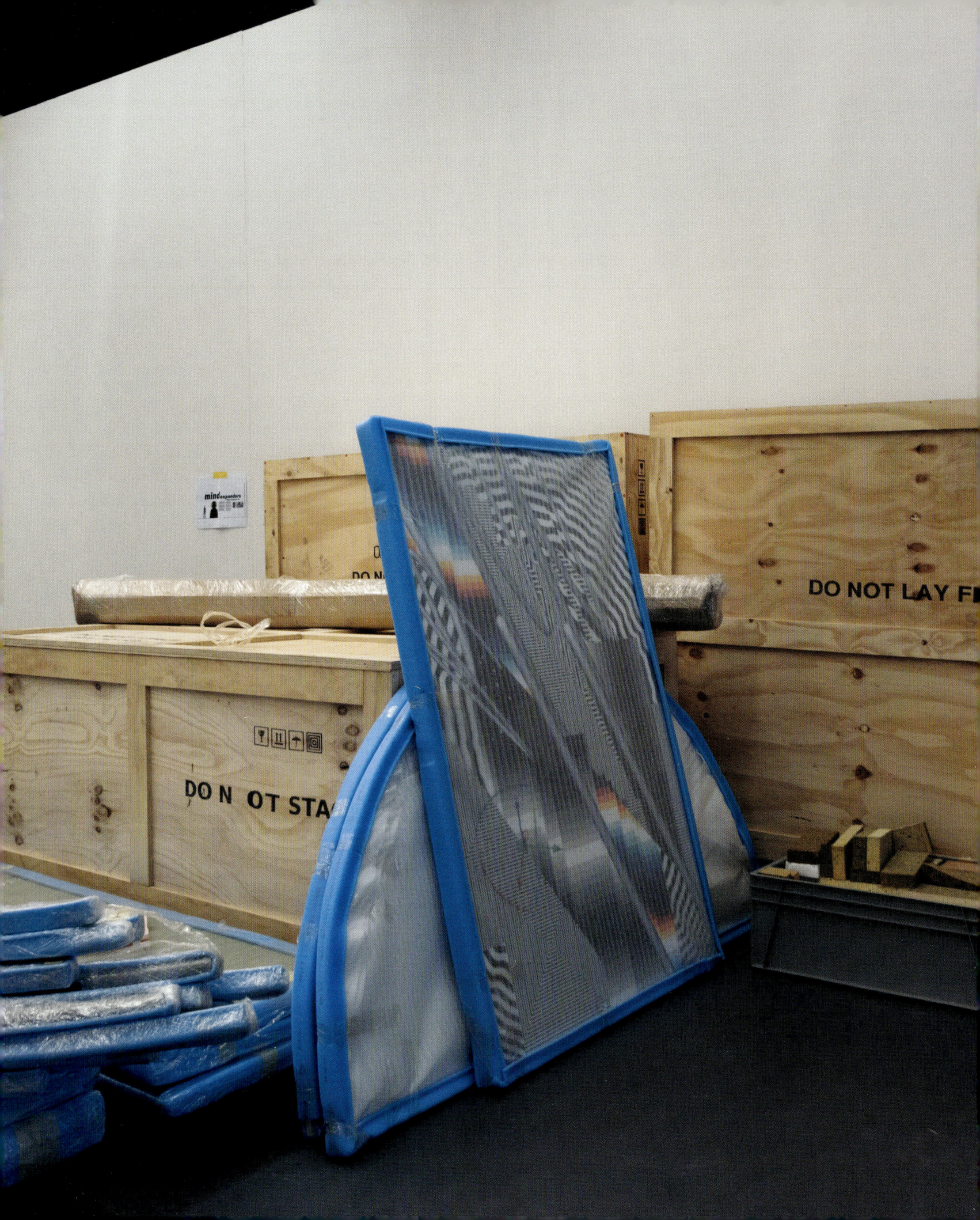

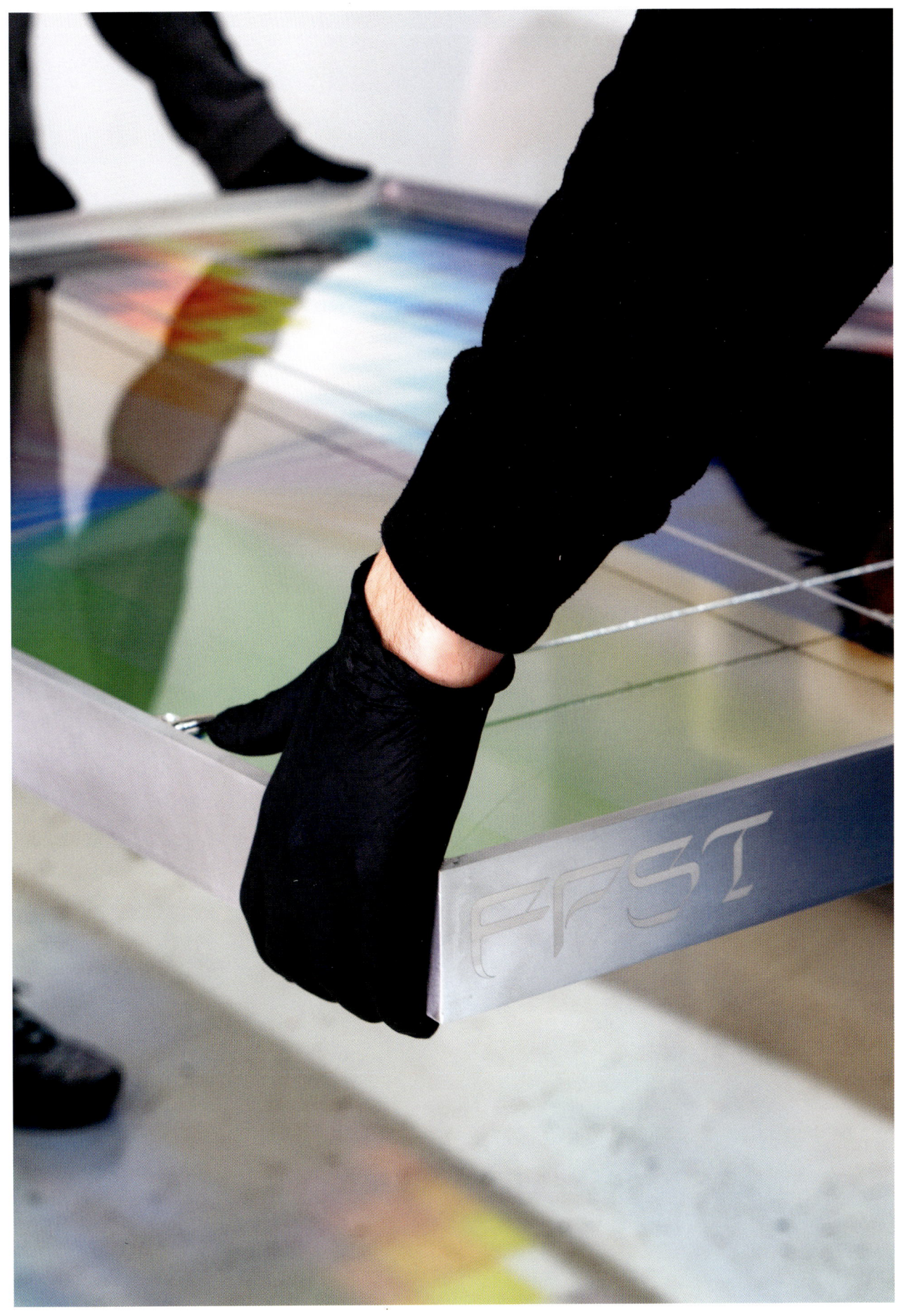

VL

Felipe Pantone (Buenos Aires, 1986) està fascinat per la velocitat de les imatges. En la seua obra, busca provocar col·lisions entre les imatges tàctils i analògiques del passat i les imatges ràpides i digitalitzades del present, amb l'objectiu de generar imatges per al futur. Com a jove artista del grafit, Pantone va viatjar per tot el món creant murals enormes, coberts de colors explosius i patrons cinètics, per a modelar l'espai públic segons la seua voluntat. Des de llavors, ha desenvolupat el seu propi llenguatge cinètic i acolorit, que tant el distingeix, i en el qual combina la velocitat de les seues llandes d'esprai de grafit amb les possibilitats de noves tecnologies com ara Internet i les xarxes socials. El resultat és un llenguatge visual seductor i ultraràpid. Tot està connectat en aquesta forma híbrida entre la tecnologia contemporània i la pintura analògica: des de l'aplicació liberal del color, de la llum i del moviment en els seus murals, fins a la transformació d'una sabatilla.

En Prospectiva, Pantone mostra obres d'art que, amb l'ajuda del seu llenguatge visual, acolorit i cinètic, li permeten imaginar infinitament el futur.

Passat – Present – Futur

En l'actualitat, estem bombardejats amb imatges, al carrer, a casa, en el treball. Les il·lustracions en els llibres, els cartells al carrer i les pintures en la paret eren originalment imatges analògiques. Amb l'arribada de l'ordinador, els telèfons mòbils i una àmplia varietat de programari i aplicacions, les imatges exerceixen un paper cada vegada més dominant en la nostra societat.

Cada dia, hem de processar grans quantitats d'informació, imatges i idees. Ara, estem tan acostumats a les imatges que seria difícil imaginar les nostres vides sense aquestes. Aplicacions com TikTok o Instagram ens proporcionen la nostra dosi diària d'imatges en moviment, arribem fins i tot a ser-ne addictes. És possible que no sempre puguem reconéixer la diferència entre imatges reals i artificials. Hui dia, la imatge està experimentant una transformació des del passat analògic, passant pel present digital, cap a la imatge ultradinàmica que s'adaptarà a la societat del futur.

tract-geometric images in primary colours and contrasting black and white patterns. He also combines his images with digital visual aesthetics like glitches, pixels, LED's, QR-codes, or vectors. With self-designed software, he subsequently transforms his images into fresco's, murals, paintings, and sculptures, thus restoring the tactile value of these images from the digital age. To achieve this, he also uses industrial materials, like aluminium and UV coatings, that are more reminiscent of the shiny surface of a car than of traditional painting materials.

Art for everyone
Pantone not only shows his artworks in museums, but also shares them on Instagram and Tumblr. This enables him to reach out to large groups of people and invite them to look at his work on their screens. His images seem to vibrate – just like the kinetic artists he admires, such as Carlos Cruz-Diez, Jesus Rafael Soto, and Julio Le Parc, Pantone works with the suggestion of movement. He plays with the viewer's perception: similar to computer games, his works offer each individual a unique experience to identify themselves with, depending on their viewpoint.

Recíproc

En la seua obra, Felipe Pantone transforma material visual en imatges futuristes ultraràpides. Format com a pintor, utilitza totes les habilitats a la seua disposició per a crear l'art que desitja crear. Descompon imatges existents i converteix els components en noves imatges abstractes i geomètriques amb colors primaris i patrons en blanc i negre contrastants. També combina les seues imatges amb estètiques visuals digitals com ara glitchs, píxels, LED, codis QR o vectors. Amb programari dissenyat per ell mateix, transforma posteriorment les seues imatges en frescos, murals, pintures i escultures, restaurant, així, el valor tàctil d'aquestes imatges en l'era digital. Per a aconseguir-ho, recorre a l'ús de materials industrials com alumini i recobriments UV, que fan recordar més la superfície brillant d'un automòbil que els materials tradicionals de pintura.

Art per a tots

Pantone no només mostra les seues obres d'art en museus, sinó que també les comparteix en Instagram i TikTok. Això li permet arribar a grans grups de persones i convidar-los a veure el seu treball en les seues pantalles. Les seues imatges semblen vibrar, i, igual que els artistes cinètics als quals admira, com Carlos Cruz-Diez, Jesús Rafael Soto i Julio Le Parc, Pantone treballa amb el suggeriment de moviment. Juga amb la percepció de l'espectador de la mateixa manera que els videojocs; les seues obres ofereixen a cada individu una experiència única per a identificar-s'hi, en funció del seu punt de vista.

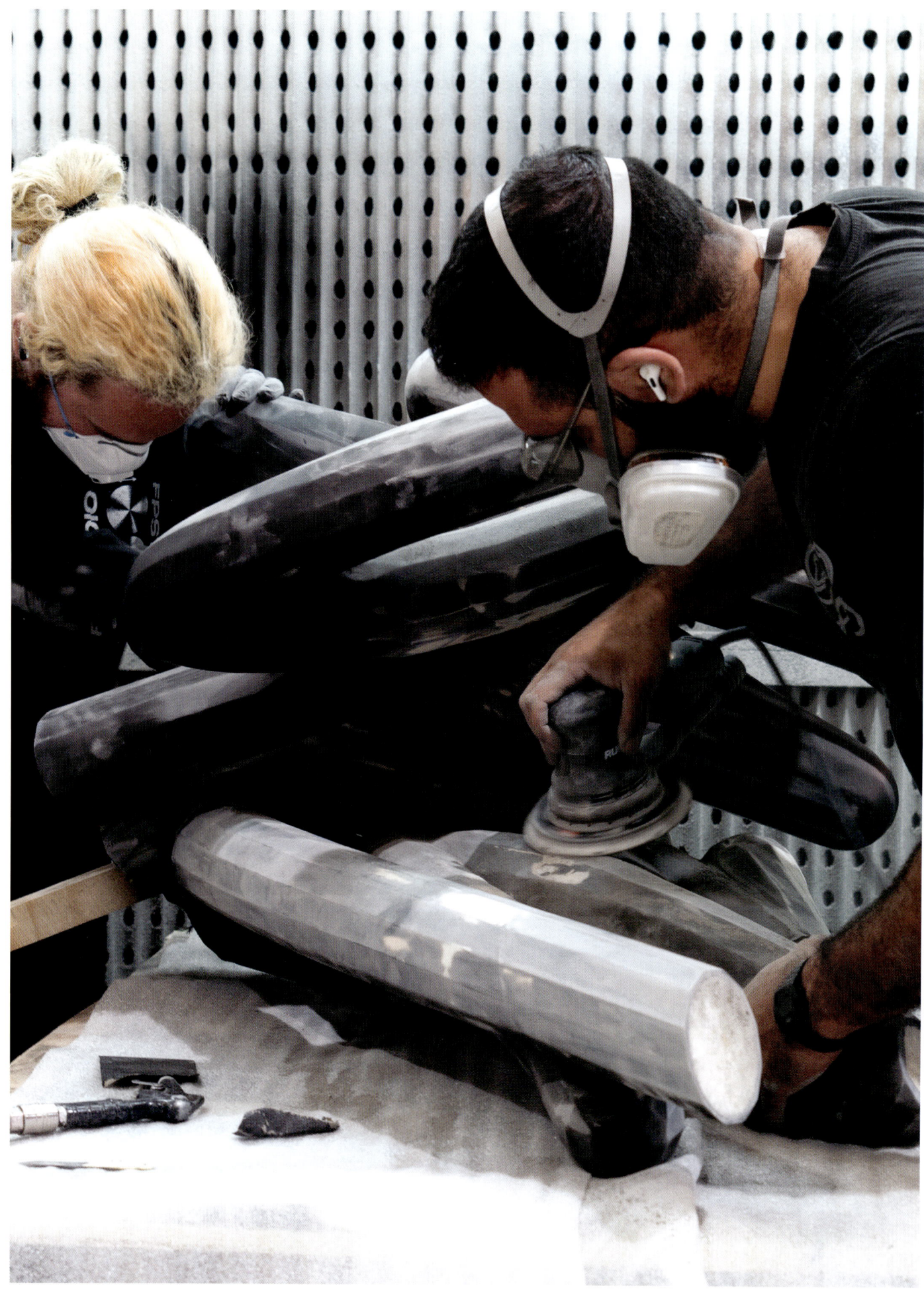

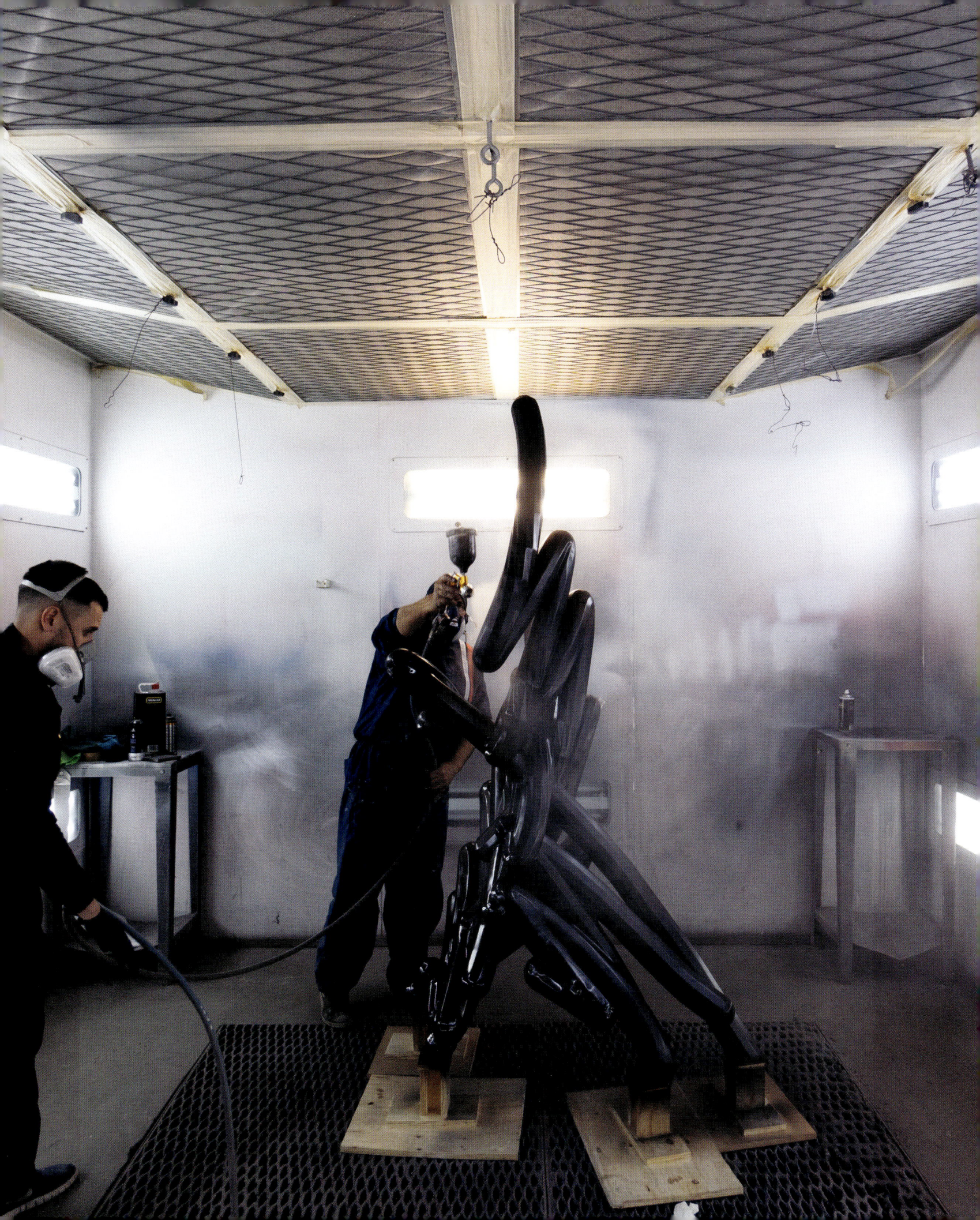

ES

Felipe Pantone (Buenos Aires 1986) está fascinado por la velocidad de las imágenes. En su obra busca provocar colisiones entre las imágenes táctiles y analógicas del pasado y las imágenes rápidas y digitalizadas del presente, con el objetivo de generar imágenes para el futuro. Como joven artista del graffiti, Pantone viajó por todo el mundo, creando murales enormes, cubiertos de colores explosivos y patrones cinéticos, para moldear el espacio público según su voluntad. Desde entonces, ha desarrollado su propio lenguaje cinético y colorido que le distingue, y en el que combina la velocidad de sus latas de spray de graffiti con las posibilidades de nuevas tecnologías como Internet y las redes sociales. El resultado es un lenguaje visual seductor y ultrarrápido. Todo está conectado en esta forma híbrida entre la tecnología contemporánea y la pintura analógica: desde la aplicación liberal de color, luz y movimiento en sus murales, hasta la transformación de una zapatilla.

En Prospectiva, Pantone muestra obras de arte que, con la ayuda de su colorido y cinético lenguaje visual, le permiten imaginar infinitamente el futuro.

Pasado - Presente – Futuro

En la actualidad, estamos bombardeados con imágenes, en la calle, en casa, en el trabajo. Las ilustraciones en los libros, los carteles en la calle y las pinturas en la pared eran originalmente imágenes analógicas. Con la llegada del ordenador, los teléfonos móviles y una amplia variedad de software y aplicaciones, las imágenes desempeñan un papel cada vez más dominante en nuestra sociedad.

Cada día tenemos que procesar grandes cantidades de información, imágenes e ideas. Ahora estamos tan acostumbrados a las imágenes que sería difícil imaginar nuestras vidas sin ellas. Aplicaciones como TikTok o Instagram nos proporcionan nuestra dosis diaria de imágenes en movimiento, incluso llegamos a ser adictos a ellas. Es posible que no siempre podamos reconocer la diferencia entre imágenes reales y artificiales. Hoy en día, la imagen está experimentando una transformación desde su pasado analógico, pasando por el presente digital, hacia la imagen ultradinámica que se adaptará a la sociedad del futuro.

Recíproco

En su obra, Felipe Pantone transforma material visual en imágenes futuristas ultrarrápidas. Formado como pintor, utiliza todas las habilidades a su disposición para crear el arte que desea crear. Descompone imágenes existentes y convierte los componentes en nuevas imágenes abstractas y geométricas con colores primarios y patrones en blanco y negro contrastantes. También combina sus imágenes con estéticas visuales digitales como glitches, píxeles, LED, códigos QR o vectores. Con software diseñado por él mismo, transforma posteriormente sus imágenes en frescos, murales, pinturas y esculturas, restaurando así el valor táctil de estas imágenes en la era digital. Para conseguirlo recurre al uso de materiales industriales como aluminio y recubrimientos UV, que recuerdan más a la superficie brillante de un automóvil que a los materiales tradicionales de pintura.

Arte para todos

Pantone no solo muestra sus obras de arte en museos, sino que también las comparte en Instagram y TikTok. Esto le permite llegar a grandes grupos de personas e invitarlos a ver su trabajo en sus pantallas. Sus imágenes parecen vibrar y, al igual que los artistas cinéticos a los que admira, como Carlos Cruz-Diez, Jesús Rafael Soto y Julio Le Parc, Pantone trabaja con la sugerencia de movimiento. Juega con la percepción del espectador de la misma manera que los videojuegos; sus obras ofrecen a cada individuo una experiencia única para identificarse, dependiendo de su punto de vista.

Felipe Pantone (Buenos Aires 1986) is fascinated by the velocity of i
he seeks to cause collisions between the tactile, analogue images c
fast, digitised images of the present with the aim of generating ima
As a young graffiti artist, Pantone travelled all over the world, creatin
vered in explosive colours and kinetic patterns, to bend the public s
has since developed a very distinctive, colourful kinetic language of h
combines the speed of his graffiti spray cans with the possibilities of
like the internet and social media. The result is a seductive, ultra-fas
Everything is connected in this hybrid form between contempora
analogue painting: from the liberal application of colour, light, anc
murals, to the transformation of a sneaker.
In Prospective, Pantone shows artworks that, with the help of his c
sual language, allow him to endlessly envision the future.

Past – Present – Future
In this day and age we are bombarded with images, on the streets a

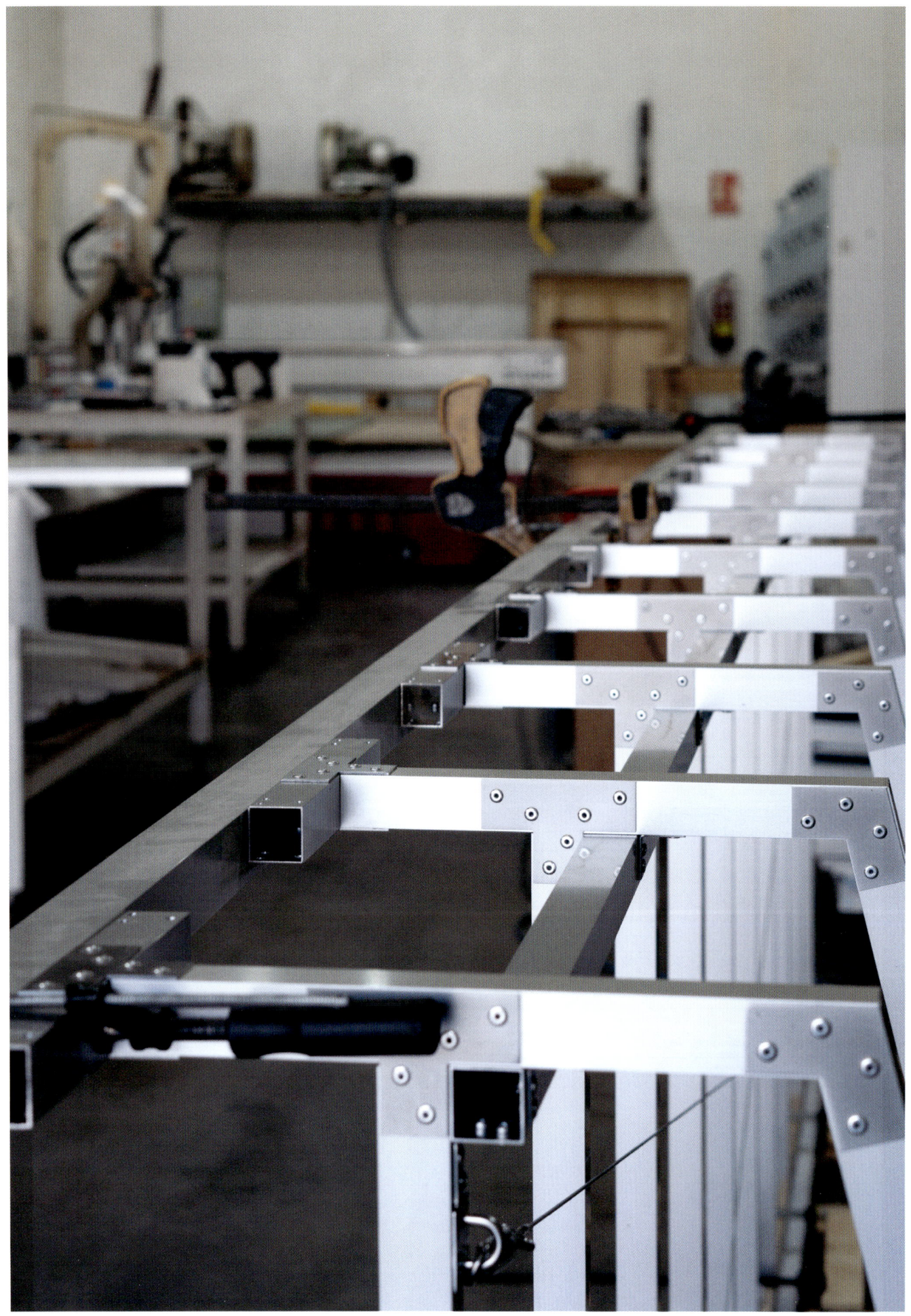

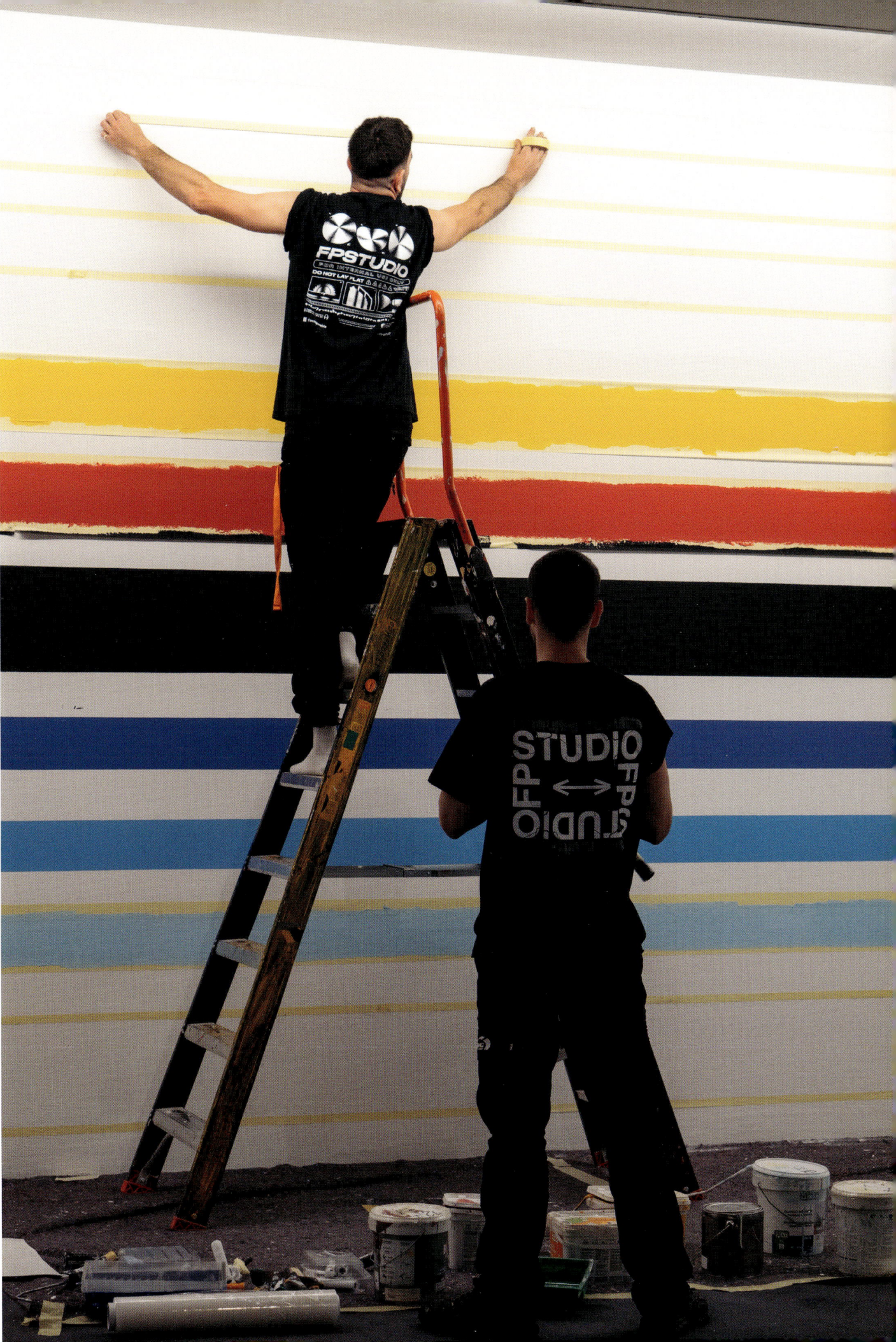

Felipe Pantone (Buenos Aires 1986) is fascinated by the velocity of images. In his work he seeks to cause collisions between the tactile, analogue images of the past and the fast, digitised images of the present with the aim of generating images for the future. As a young graffiti artist, Pantone travelled all over the world, creating large murals, covered in explosive colours and kinetic patterns, to bend the public space to his will. He has since developed a very distinctive, colourful kinetic language of his own in which he combines the speed of his graffiti spray cans with the possibilities of new technologies like the internet and social media. The result is a seductive, ultra-fast visual language. Everything is connected in this hybrid form between contemporary technology and analogue painting: from the liberal application of colour, light, and movement in his murals, to the transformation of a sneaker.

In Prospective, Pantone shows artworks that, with the help of his colourful, kinetic visual language, allow him to endlessly envision the future.

Past – Present – Future

In this day and age we are bombarded with images, on the streets as well as at home, at work. Illustrations in books, posters in the street, and paintings on the wall were all originally analogue images. With the arrival of the computer, mobile phones, and a wide variety of software and apps, images play an increasingly dominant role in our society. Every day we have to process huge amounts of information, images, and ideas. We have now become so used to images that it would be hard to imagine our lives without them. Apps like TikTok or Instagram provide us with our daily fix of moving images – we even get addicted to them. We might not always be able to recognise the difference between real and artificial images anymore. Today, the image is going through a transformation from its analogue past, via the digital present, towards the ultra-dynamic image that will adapt itself to the society of the future.

Reciprocal

In his work, Felipe Pantone transforms visual material into ultrafast, futuristic imagery. Trained as a painter, he uses all the skills at his disposal to create the art he wants to create. He deconstructs existing visuals and turns the components into new, abstract-geometric images in primary colours and contrasting black and white patterns. He also combines his images with digital visual aesthetics like glitches, pixels, LED's, QR-codes, or vectors. With self-designed software, he subsequently transforms his images into fresco's, murals, paintings, and sculptures, thus restoring the tactile value of these images from the digital age. To achieve this, he also uses industrial materials, like aluminium and UV coatings, that are more reminiscent of the shiny surface of a car than of traditional painting materials.

Art for everyone

Pantone not only shows his artworks in museums, but also shares them on Instagram and Tumblr. This enables him to reach out to large groups of people and invite them to look at his work on their screens. His images seem to vibrate – just like the kinetic artists he admires, such as Carlos Cruz-Diez, Jesus Rafael Soto, and Julio Le Parc, Pantone works with the suggestion of movement. He plays with the viewer's perception: similar to computer games, his works offer each individual a unique experience to identify themselves with, depending on their viewpoint.

Felipe Pantone (Buenos Aires, 1986) està fascinat per la velocitat de les i
seua obra, busca provocar col·lisions entre les imatges tàctils i analògiqu
i les imatges ràpides i digitalitzades del present, amb l'objectiu de genera
al futur. Com a jove artista del grafit, Pantone va viatjar per tot el món
enormes, coberts de colors explosius i patrons cinètics, per a modelar
segons la seua voluntat. Des de llavors, ha desenvolupat el seu propi lleng
i acolorit, que tant el distingeix, i en el qual combina la velocitat de les
d'esprai de grafit amb les possibilitats de noves tecnologies com ara Inte
xes socials. El resultat és un llenguatge visual seductor i ultraràpid. Tot e
en aquesta forma híbrida entre la tecnologia contemporània i la pintura a
de l'aplicació liberal del color, de la llum i del moviment en els seus mu
transformació d'una sabatilla.

En Prospectiva, Pantone mostra obres d'art que, amb l'ajuda del seu llen
acolorit i cinètic, li permeten imaginar infinitament el futur.

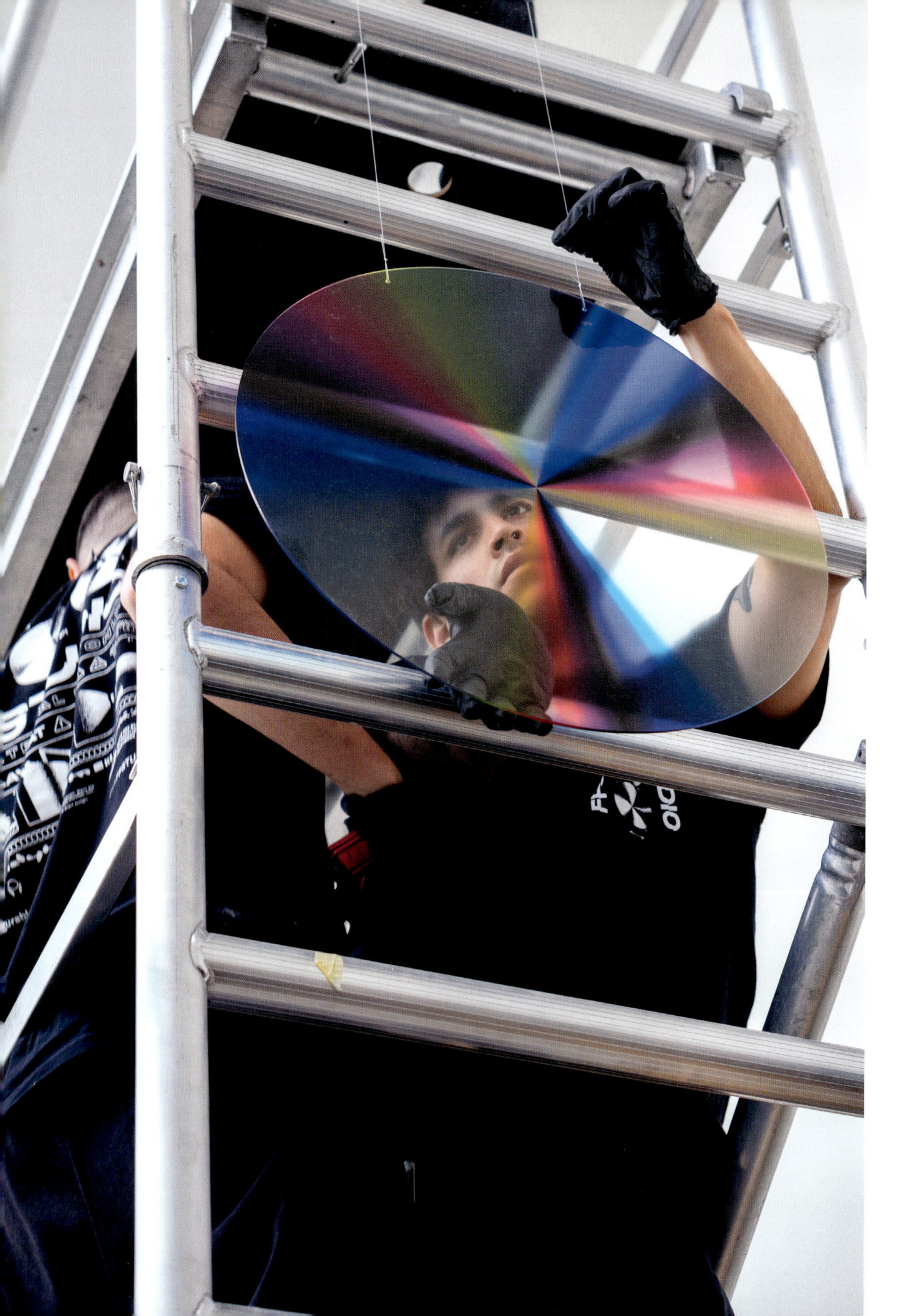

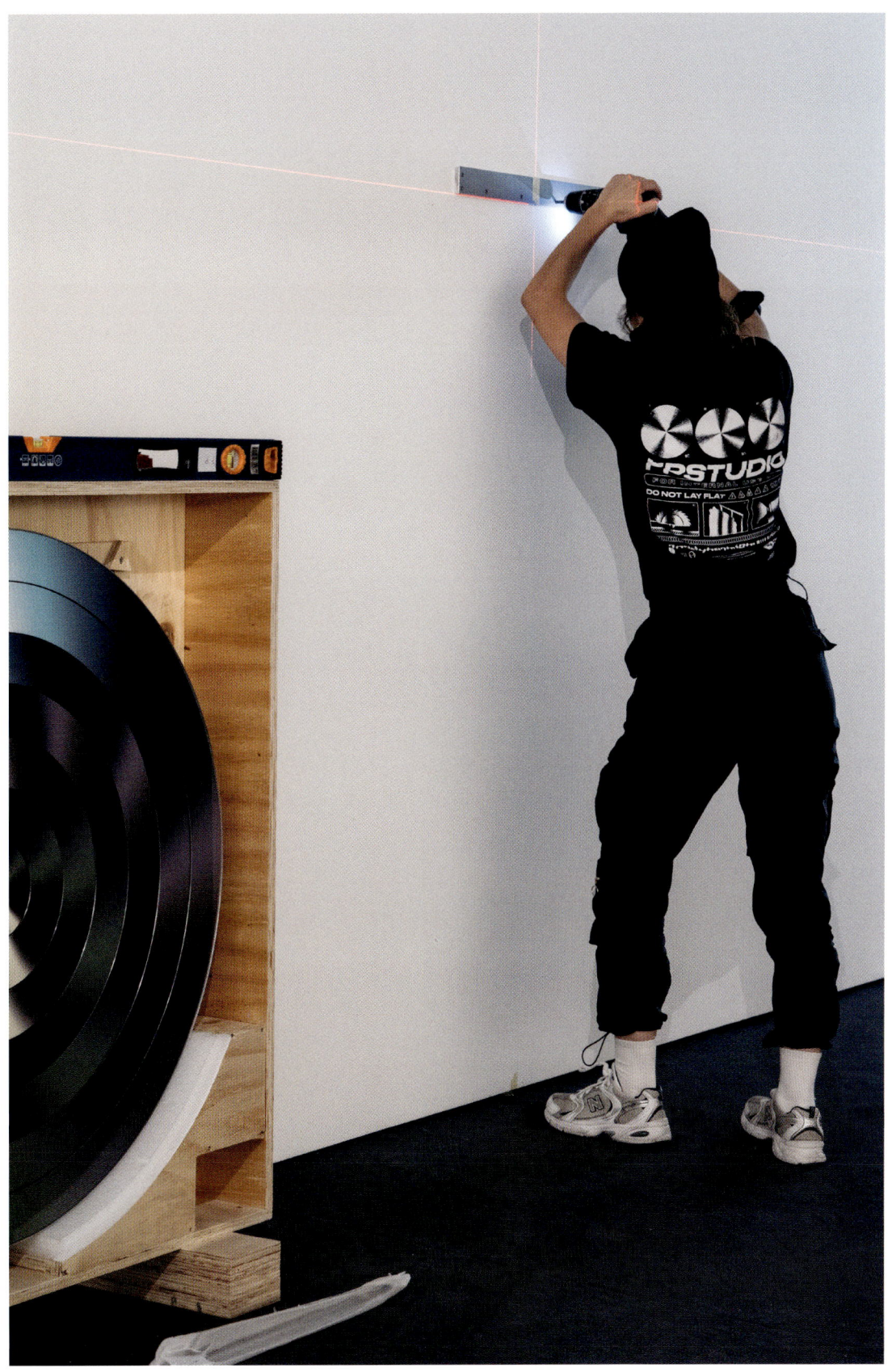

Nov. 29 2023
- Abril 14 2024

Centre del Carme
Cultura Contemporània
Valencia, España

Felipe **Pantone**
Prospectiva

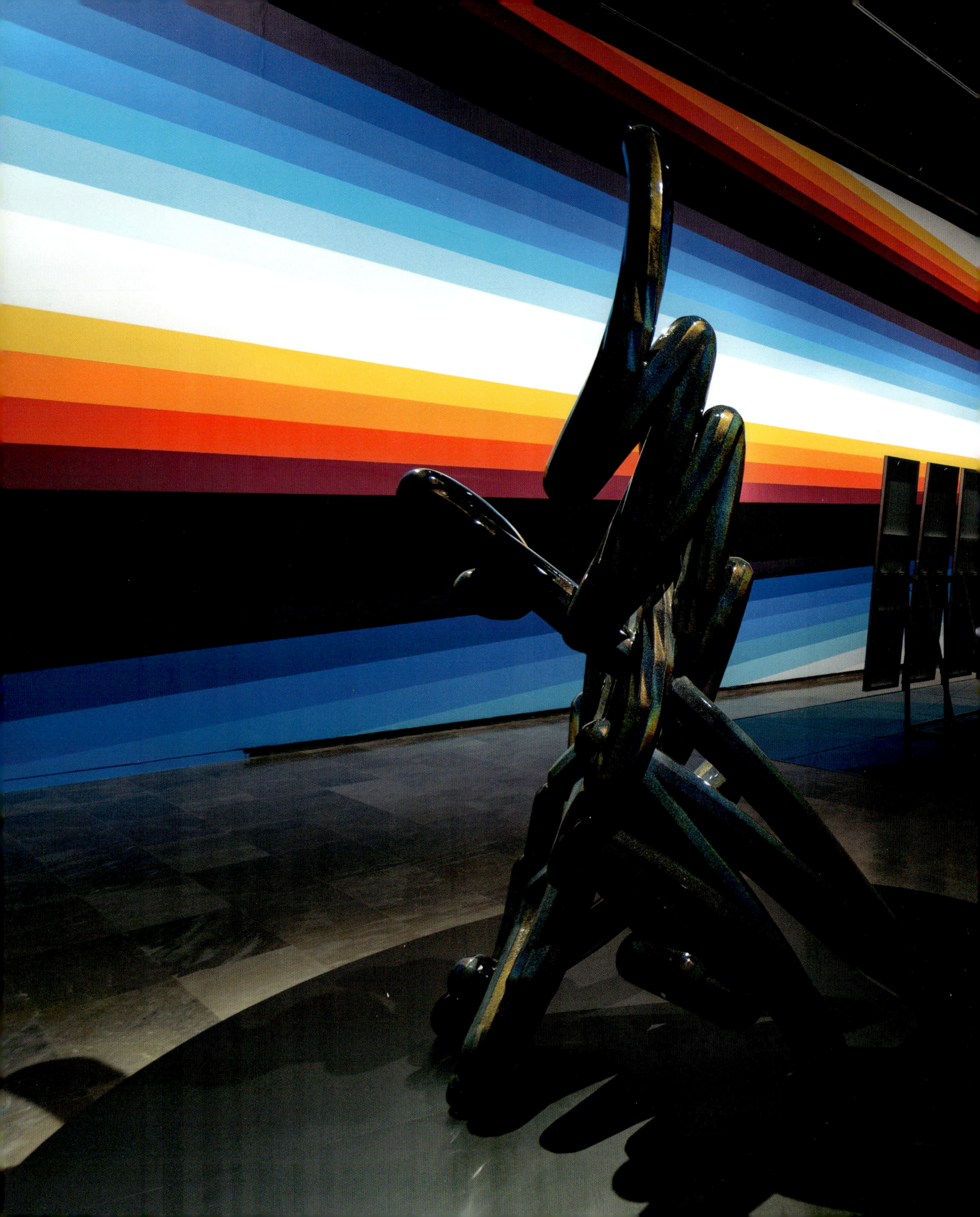

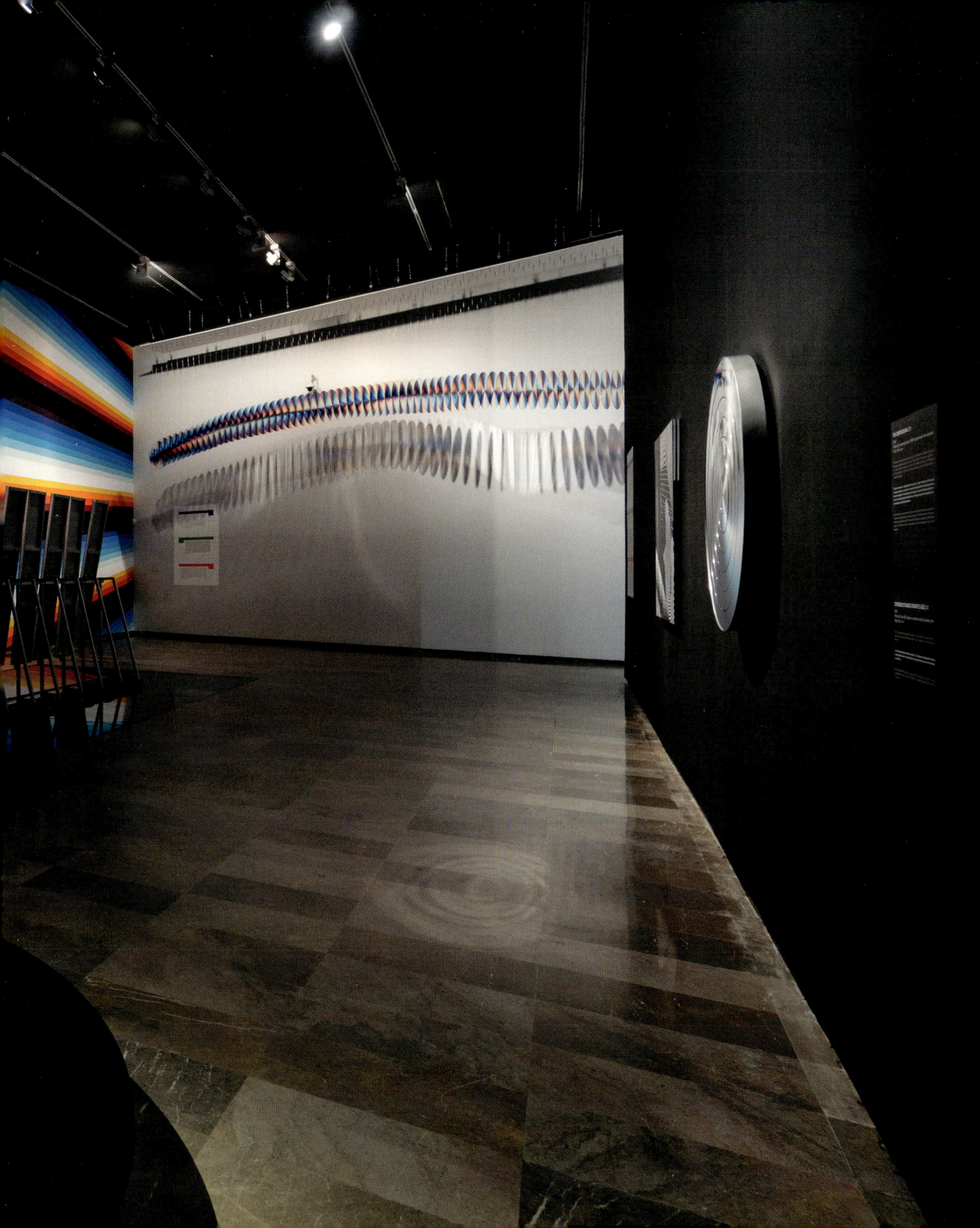

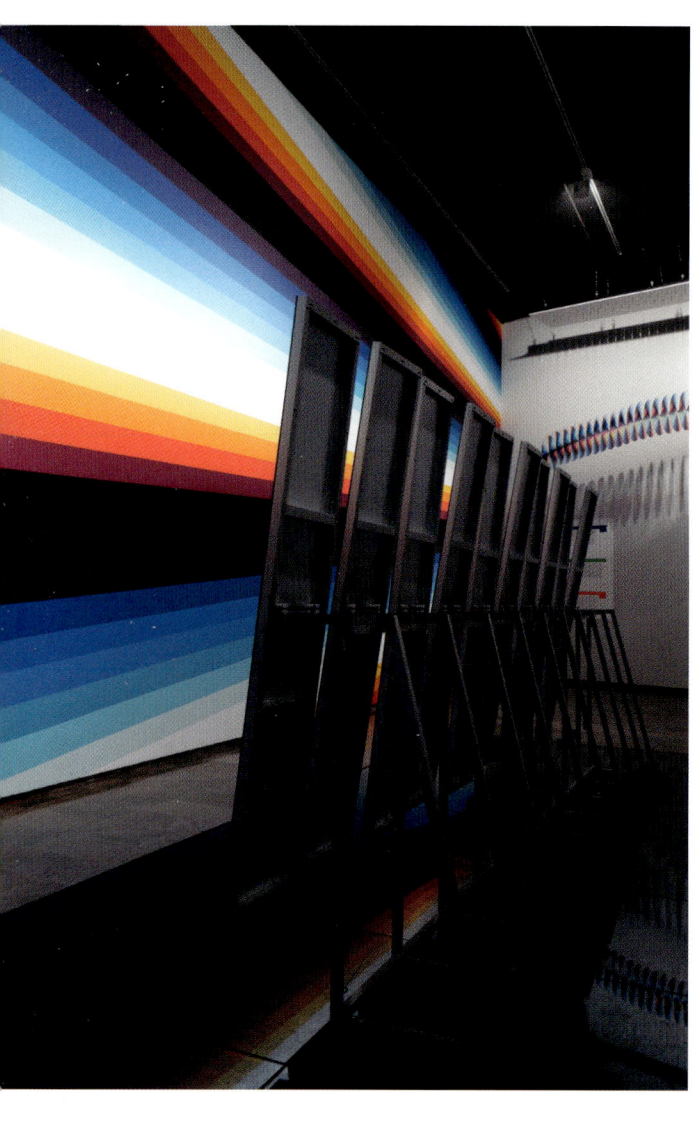

DYNAMIC REFLECTION, 2023
2023
Pintura acrílica, aluminio, PMMA, acero, POM
Medidas variables

La instal·lació Dynamic Reflection està composta per gradients dividits en blocs que es mouen i generen situacions dinàmiques estàtiques o desplaçaments mòbils com glitches del sistema informàtic.

La instalación Dynamic Reflection está compuesta por gradientes divididos en bloques que se mueven y generan situaciones dinámicas estáticas o des plazamientos móviles como glitches del sistema informático.

The installation Dynamic Reflection is formed of gradients divided into blocks that move and generate static dynamic situations or mobile displacements in case of glitches in the computer system.

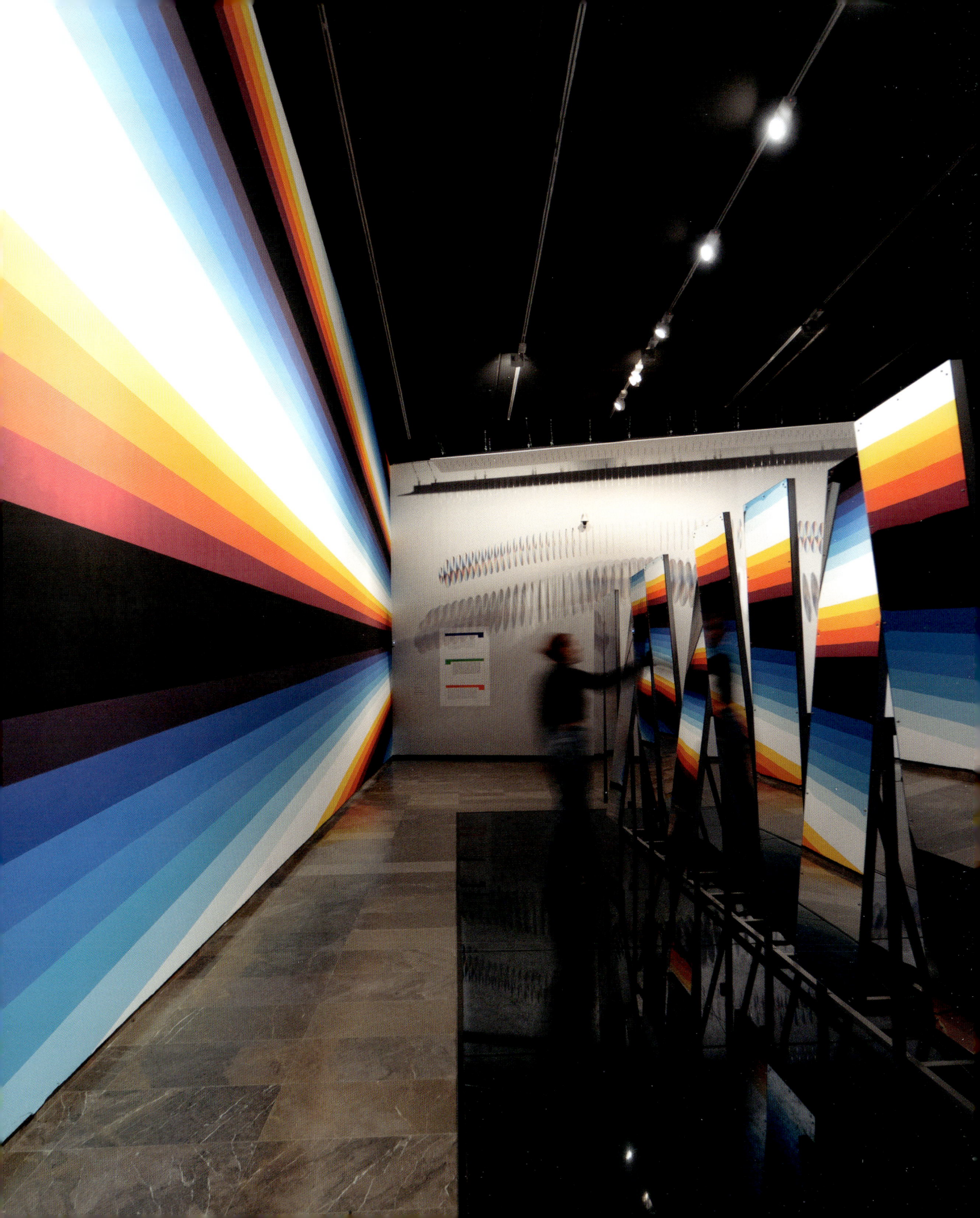

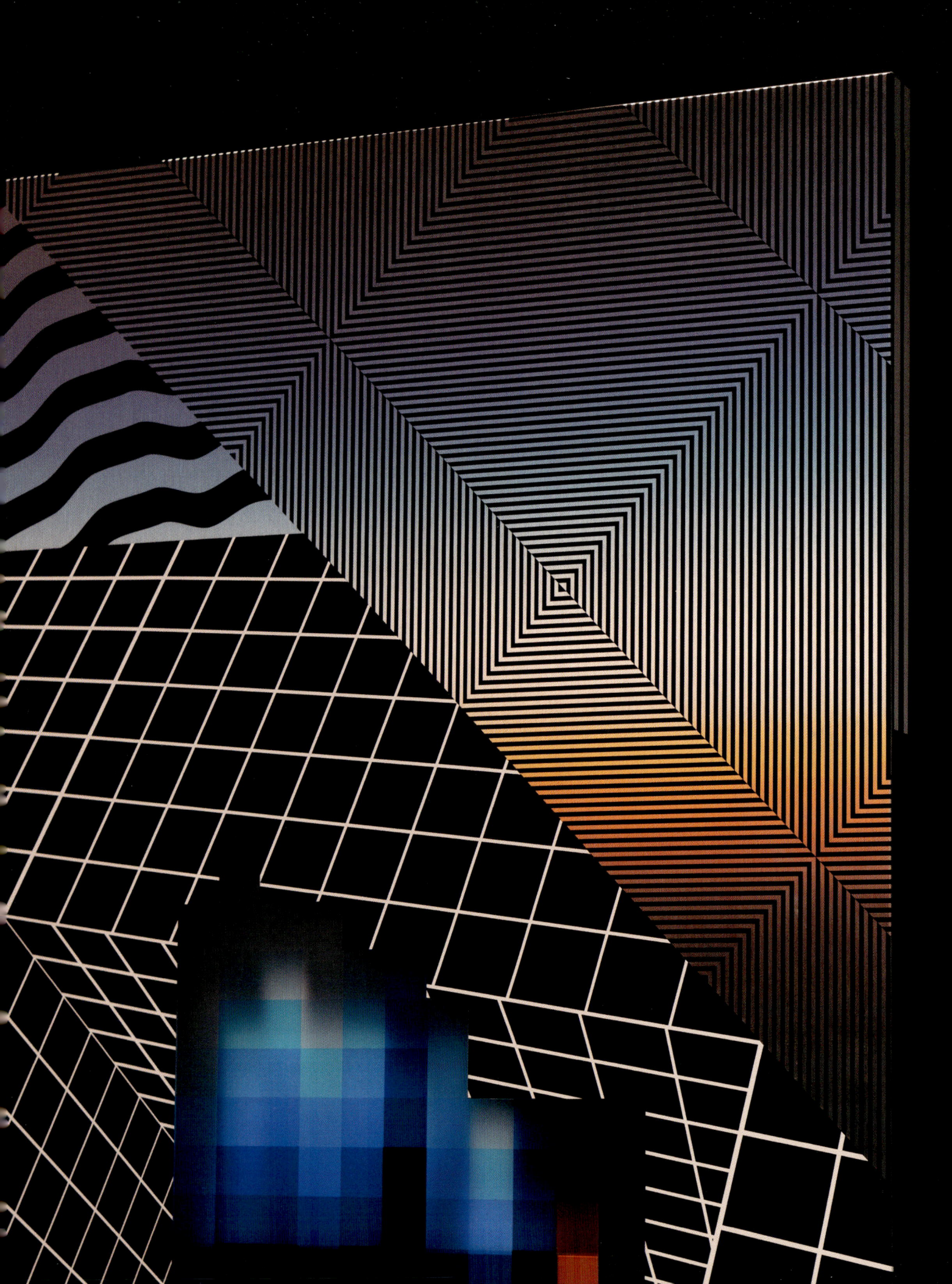

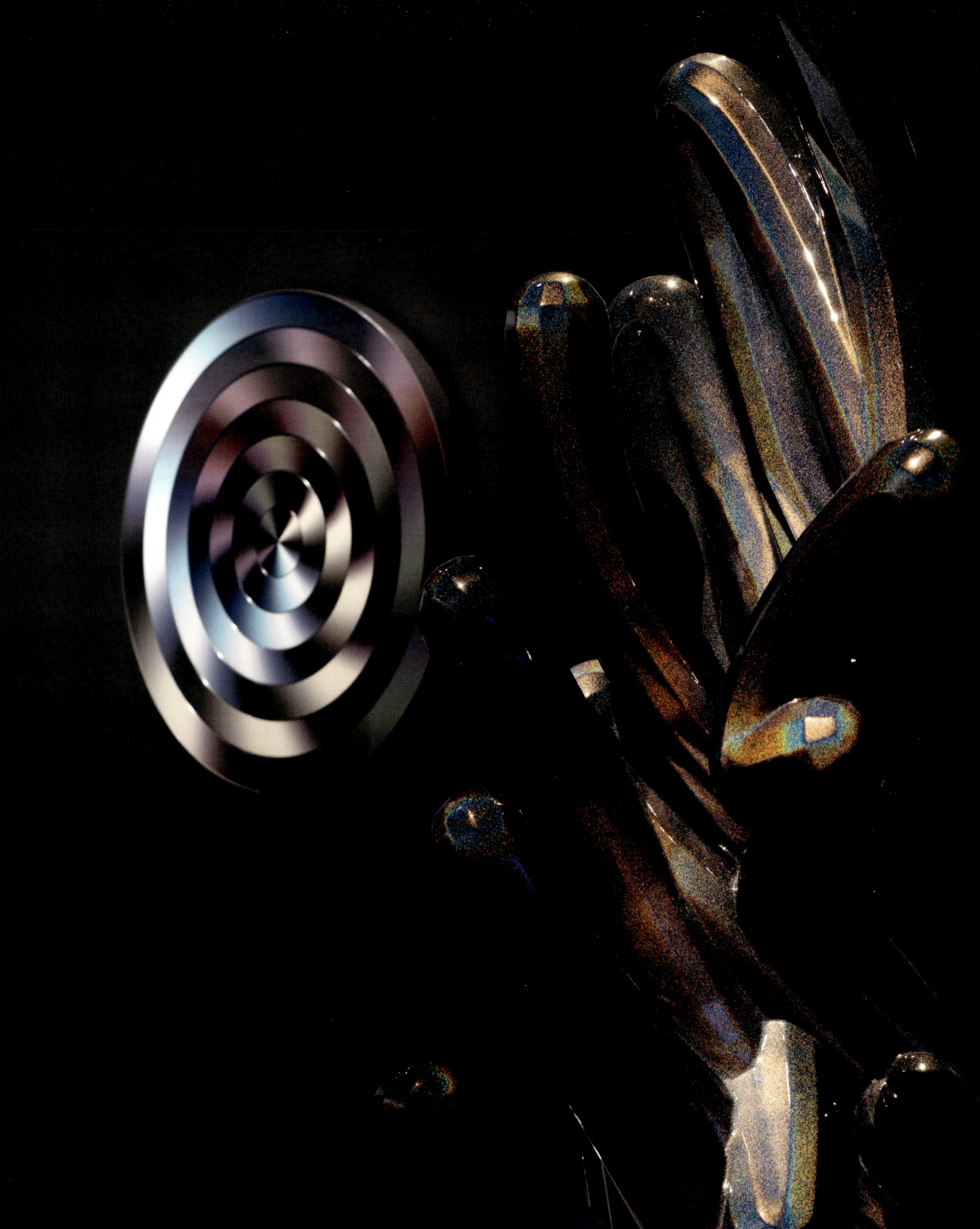

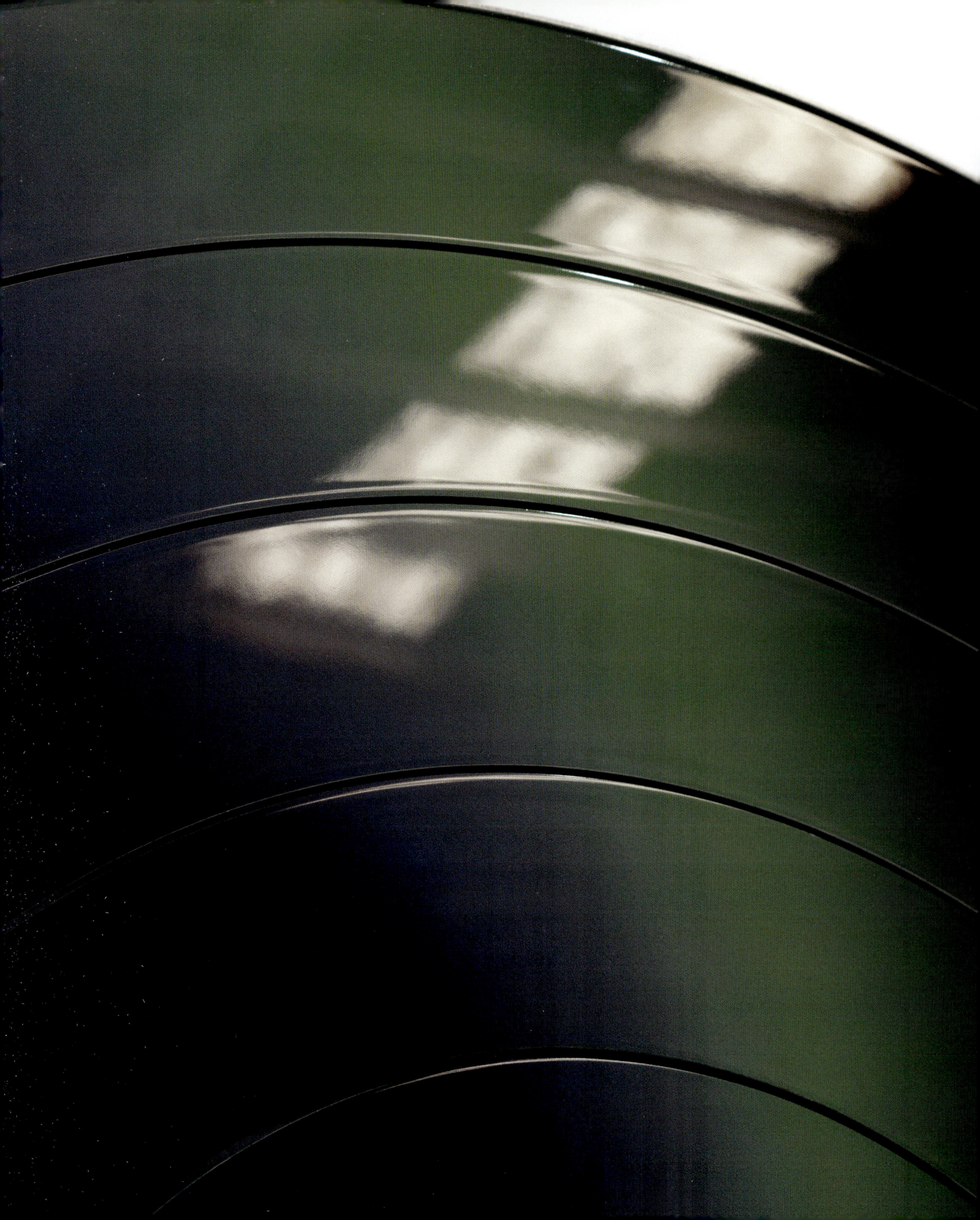

CHROMADYNAMICA MANIPULABLE 41
2023
Pintura UV, laca UHS, aluminio, rodamientos de bola, poleas, goma
100 x 100 x 7 cm

Amb l'obra de geometria abstracta i dinàmica Cromodynamica Manipulable, Pantone investiga com el tacte i la interacció física poden tancar la bretxa entre l'artista i la seua audiència.

Con la obra geométrico-abstracta y dinámica 'Cromadynamica Manipulable', Pantone investiga cómo el tacto y la interacción física pueden cerrar la brecha entre el artista y su audiencia.

With the geometrically-abstract, dynamic work Chromadynamics Manipulable, Pantone investigates how touch and physical interaction can bridge the gap between the artist and his audience.

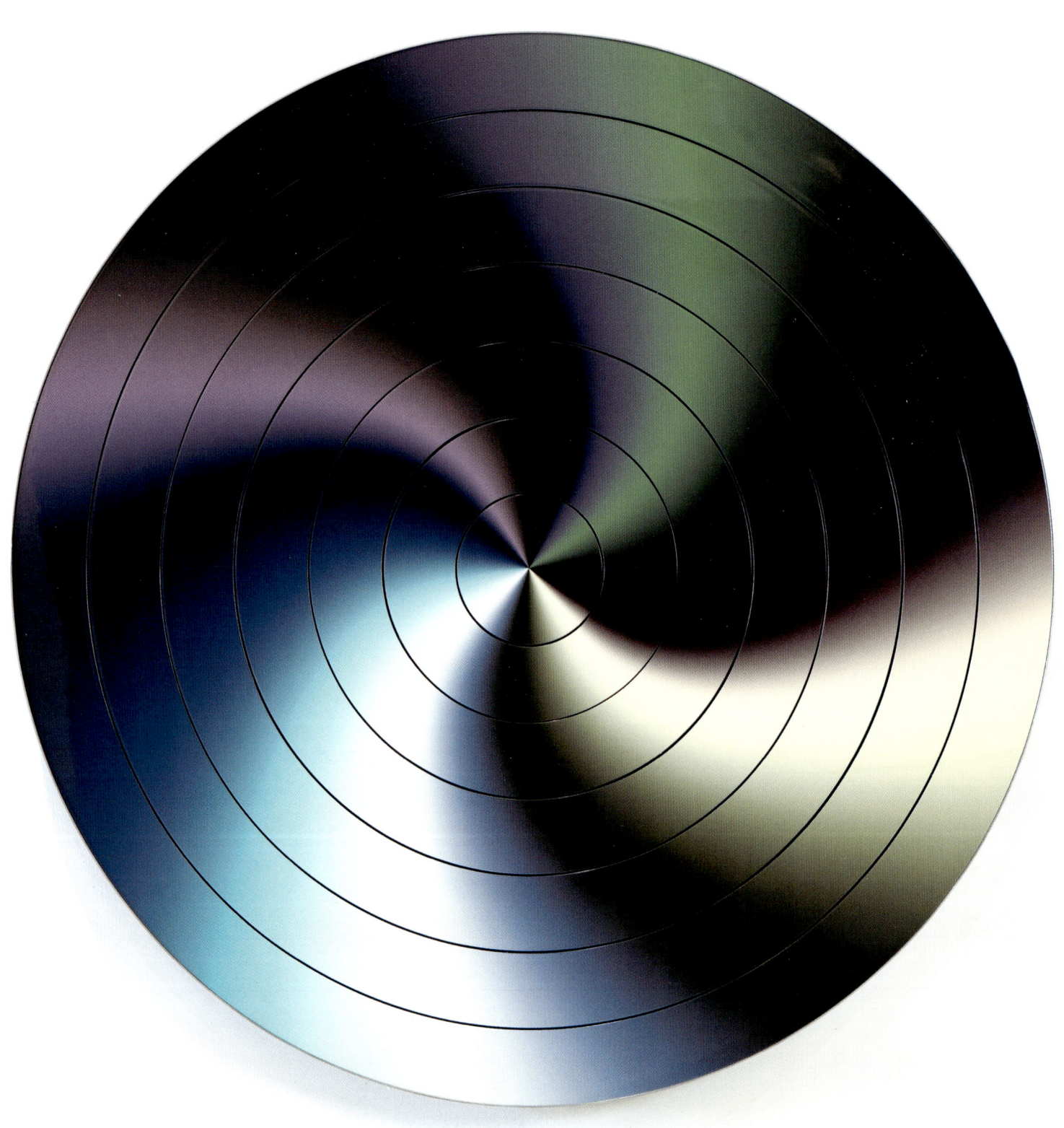

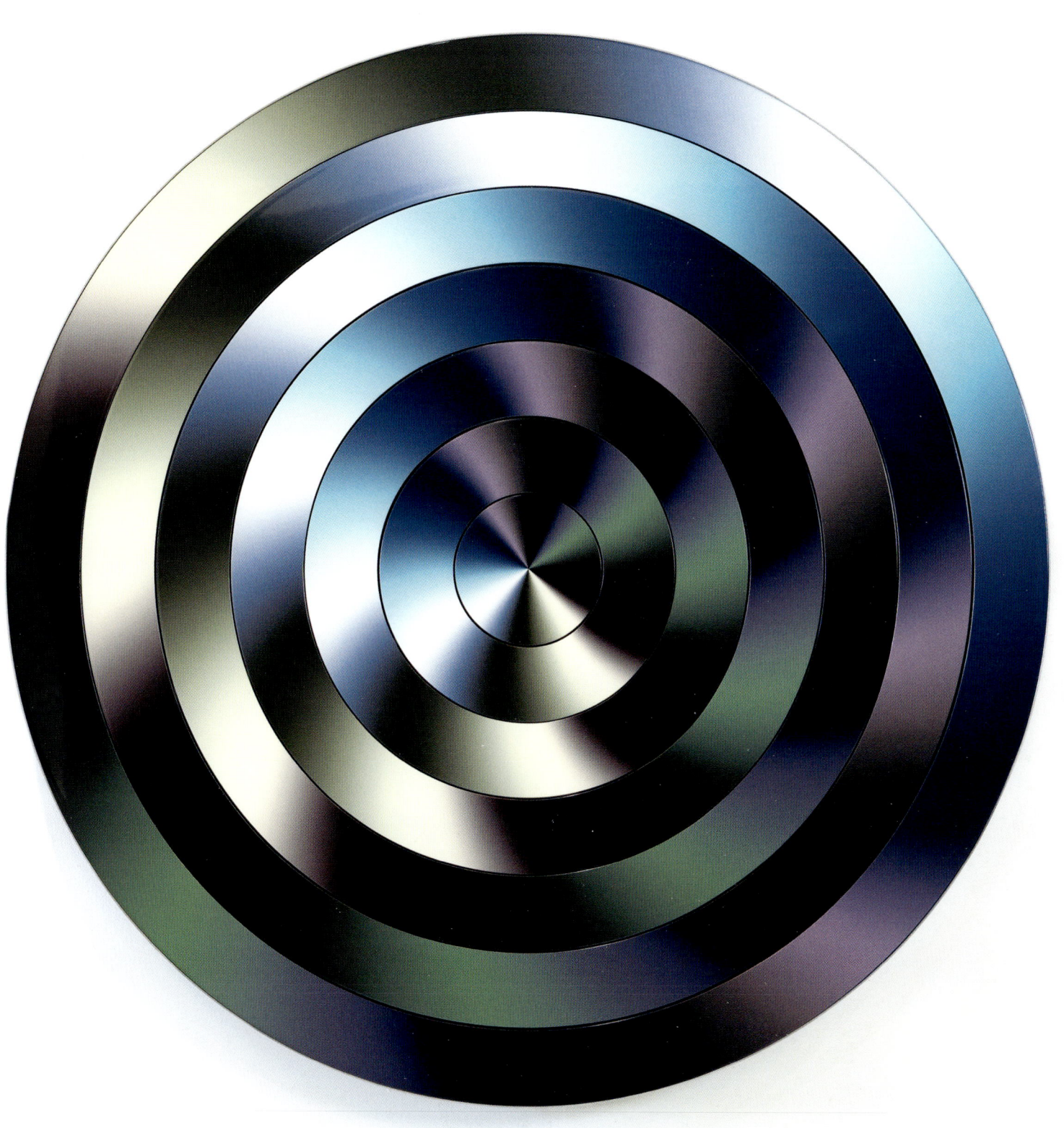

W3-DIMENSIONAL 31
2019
Pintura UV y enamel, aluminio, PMMA y panel de aluminio composite
120 x 120 x 4 cm

Pantone comença a configurar obres d'art que, si bé mantenen la mateixa línia visual que els llenços, prescindeix del pla en elles per a utilitzar formes tridimensionals que interactuen més activament amb l'espai. La sèrie W3 Dimensionals s'inspira en la sèrie Moby Dick de Frank Stella, un artista que va aconseguir donar a les obres bidimensionals una dimensió addicional.

Pantone comienza a configurar obras de arte que, si bien mantienen la misma línea visual que los lienzos, prescinde de lo plano en ellas para utilizar formas tridimensionales que interactúan más activamente con el espacio. La serie W3 Dimensionals se inspira en la serie Moby Dick de Frank Stella, un artista que logró darle a las obras bidimensionales una dimensión adicional.

Pantone starts to configure artworks that, even if they keep the same visual line as the canvases, he disregards the plain in them in order to use three-dimensional forms that interact more actively with space. The series W3 Dimensionals is inspired by the Moby Dick series by Frank Stella, an artist who succeeded in giving two-dimensional works an extra dimension.

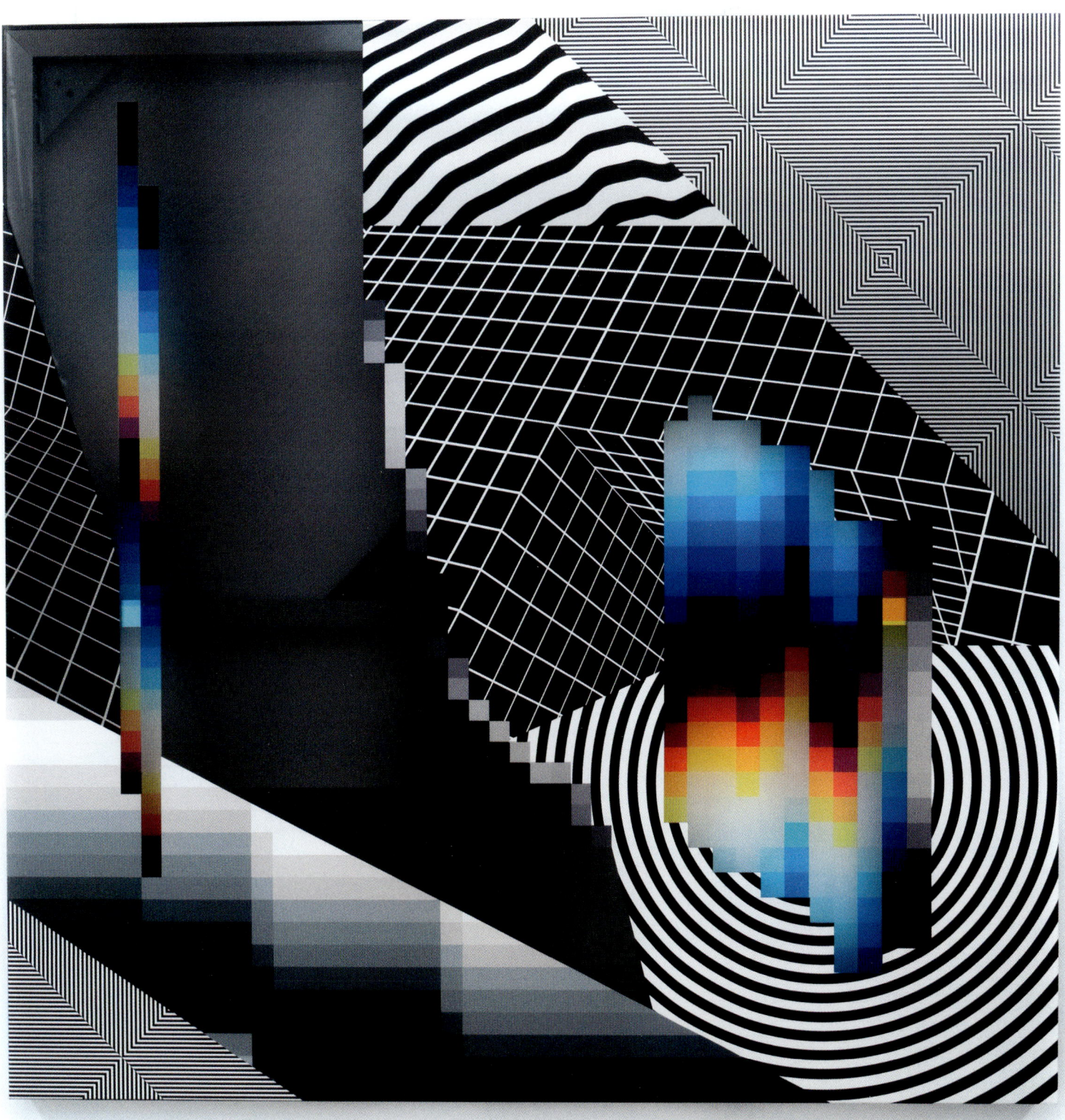

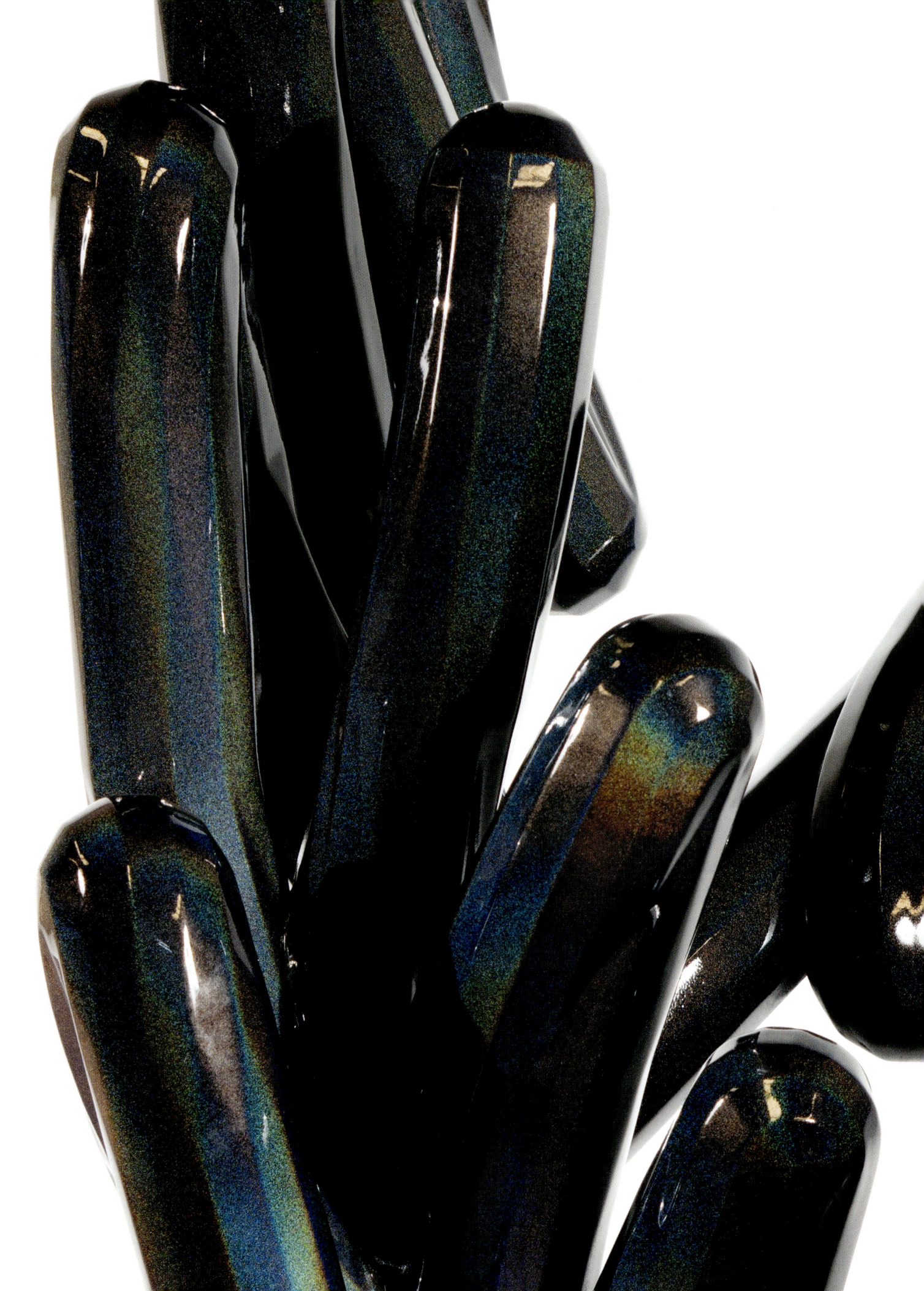

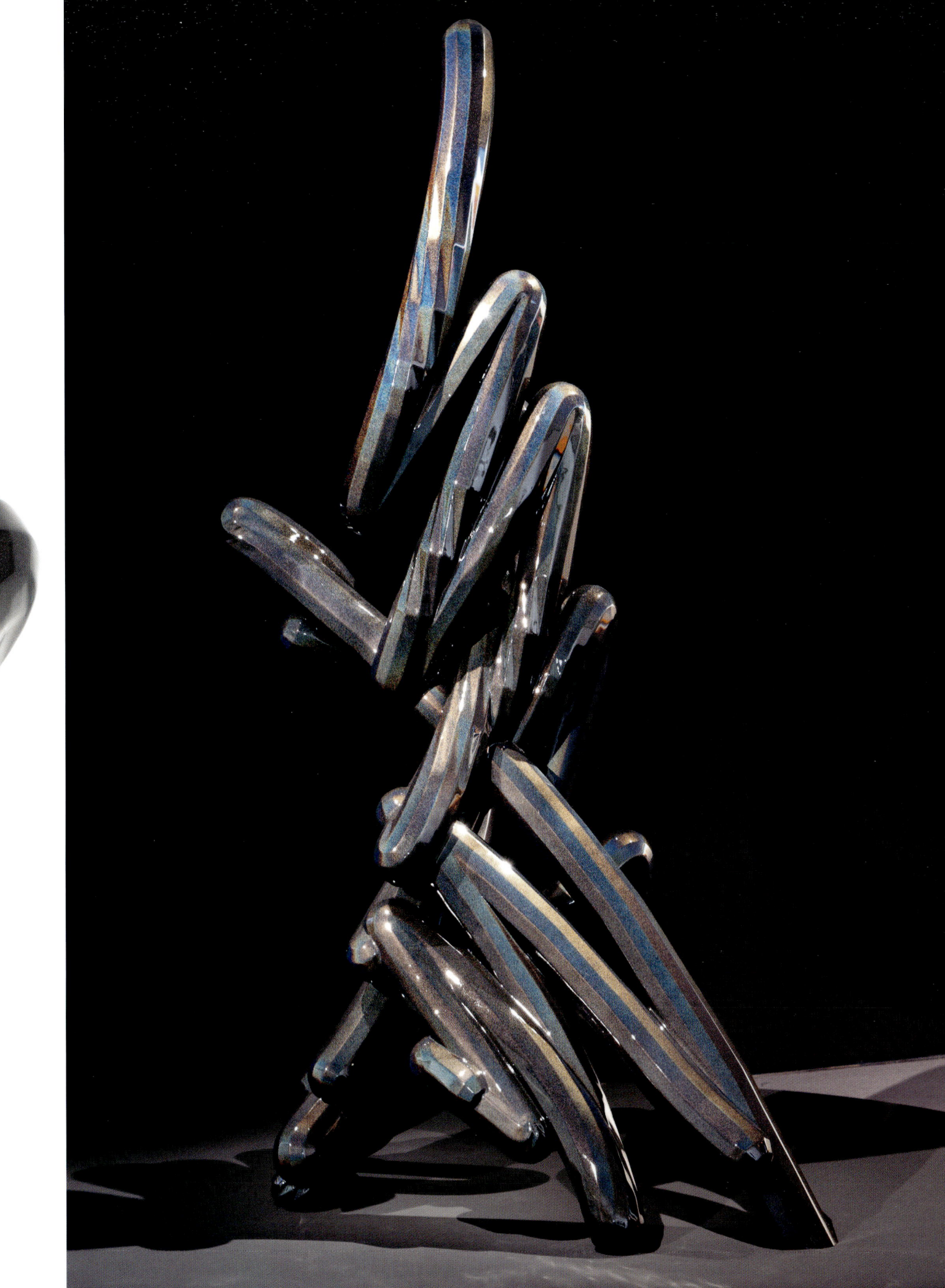

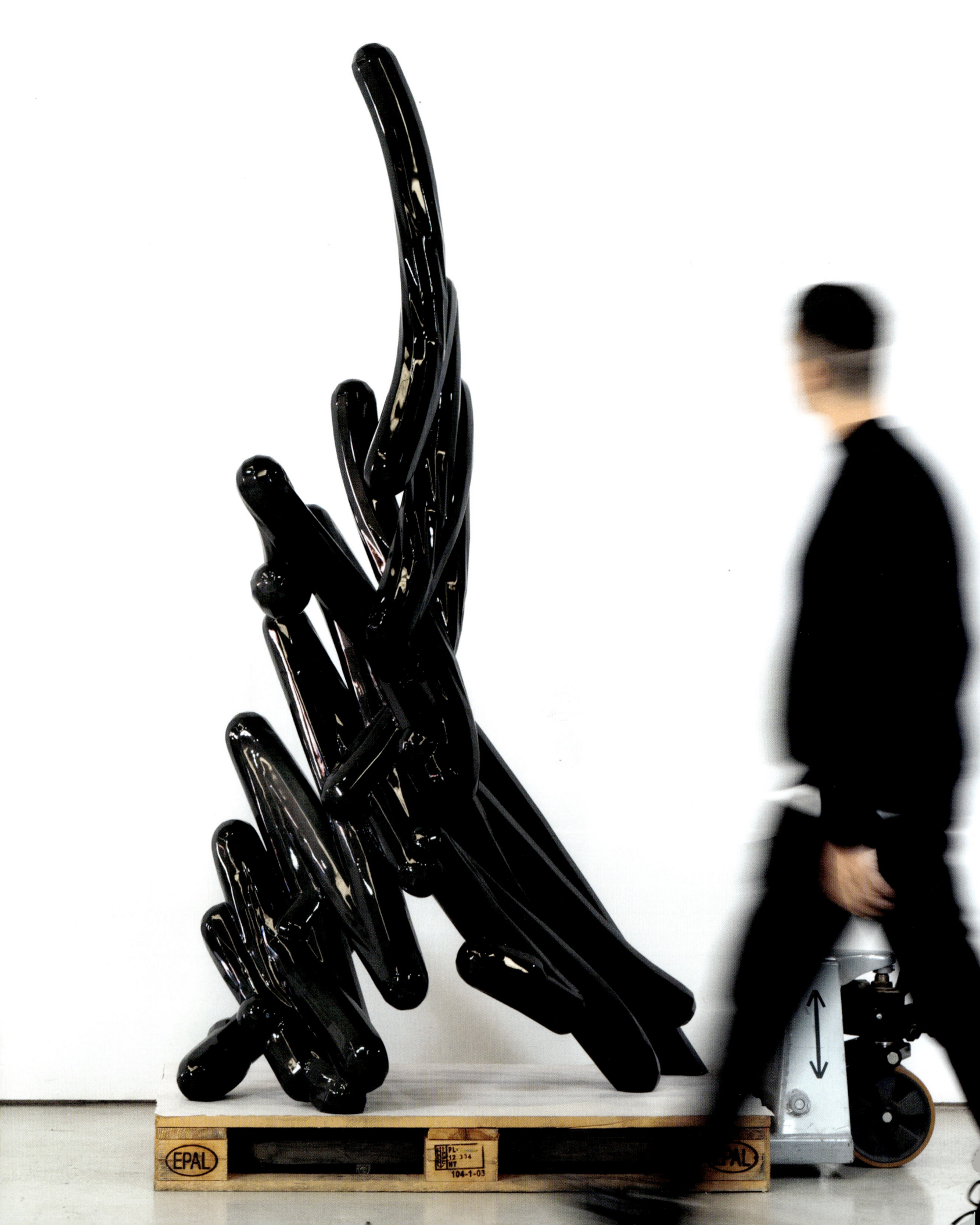

AEROSOLID IMPULSE 7, 2023
2023
Plástico PLA, pintura enamel, resina epóxica, laca UHS
215 x 130 x 75 cm

A diferència de l'art cinètic, Aerosolid Impulse intenta solidificar el moviment, en este cas, el moviment inherent del grafiti. Quan s'escriu amb ploma i paper, sempre hi ha fricció entre el medi i la superfície, però la pintura en aerosol és una eina sense fricció que permet escriure en l'aire. El grafiti es crea treballant ràpid, lliurement, de manera dinàmica, despreocupada i lleugera, mentre que les escultures solen modelar-se a partir de materials més pesats. Aerosolid Impulse es crea amb l'ajuda del grafiti, concentrant la seua energia superfluida per a crear una escultura tridimensional sòlida.

A diferencia del arte cinético, Aerosolid Impulse intenta solidificar el movimiento, en este caso, el movimiento inherente del graffiti. Cuando se escribe con pluma y papel, siempre hay fricción entre el medio y la superficie, pero la pintura en aerosol es una herramienta sin fricción que permite escribir en el aire. El graffiti se crea trabajando rápido, libre, de manera dinámica, despreocupada y ligera, mientras que las esculturas suelen modelarse a partir de materiales más pesados. Aerosolid Impulse se crea con la ayuda del graffiti, concentrando su energía superfluida para crear una escultura tridimensional sólida.

The differently coloured, panels of Substractive Variability Traversable overlap each other and embody fundamental aspects of Pantone's work such as movement, light, and colour variations. The viewer is invited to manipulate the artwork by walking thru the work and observing it from different angles, creating a different image time and time again.

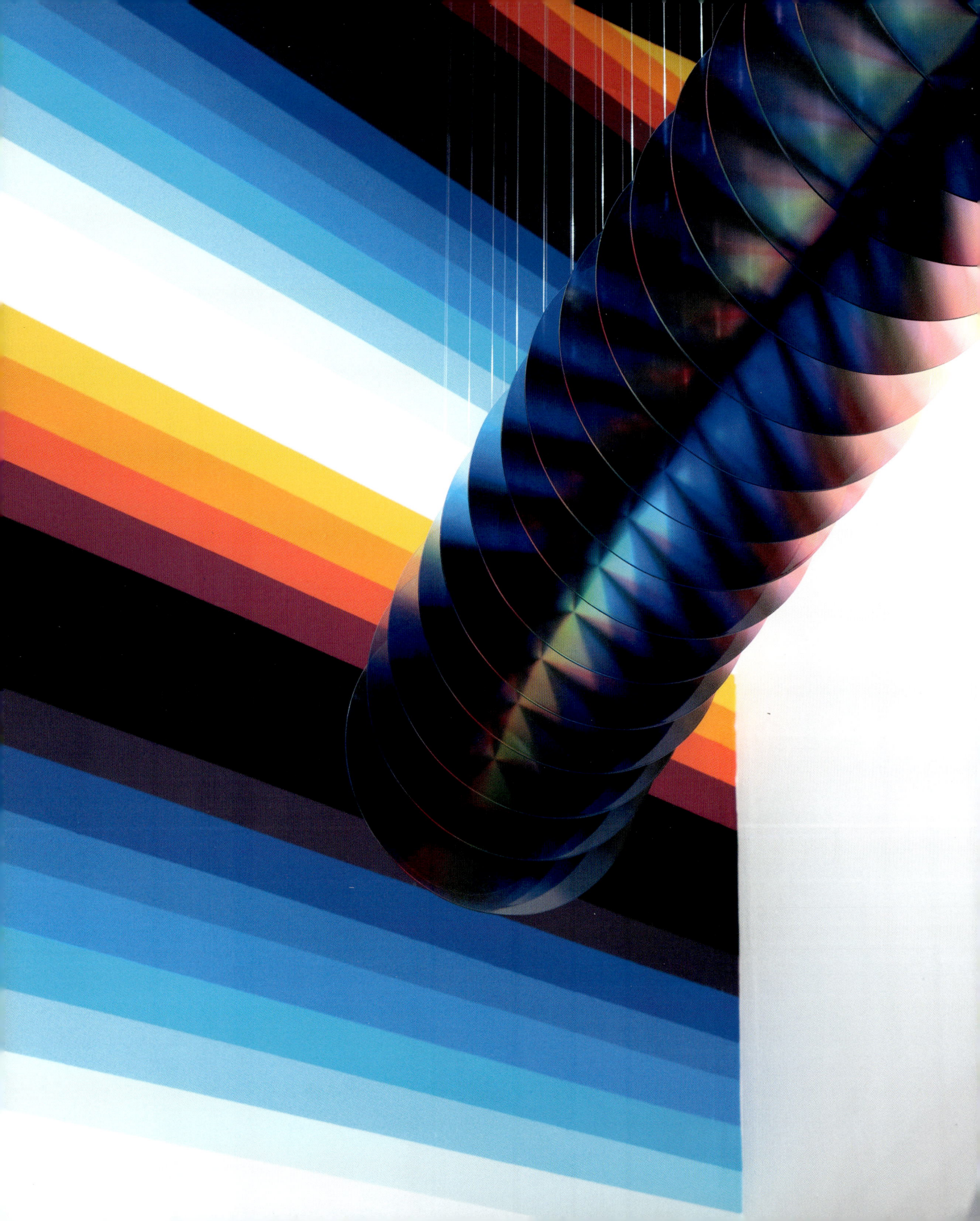

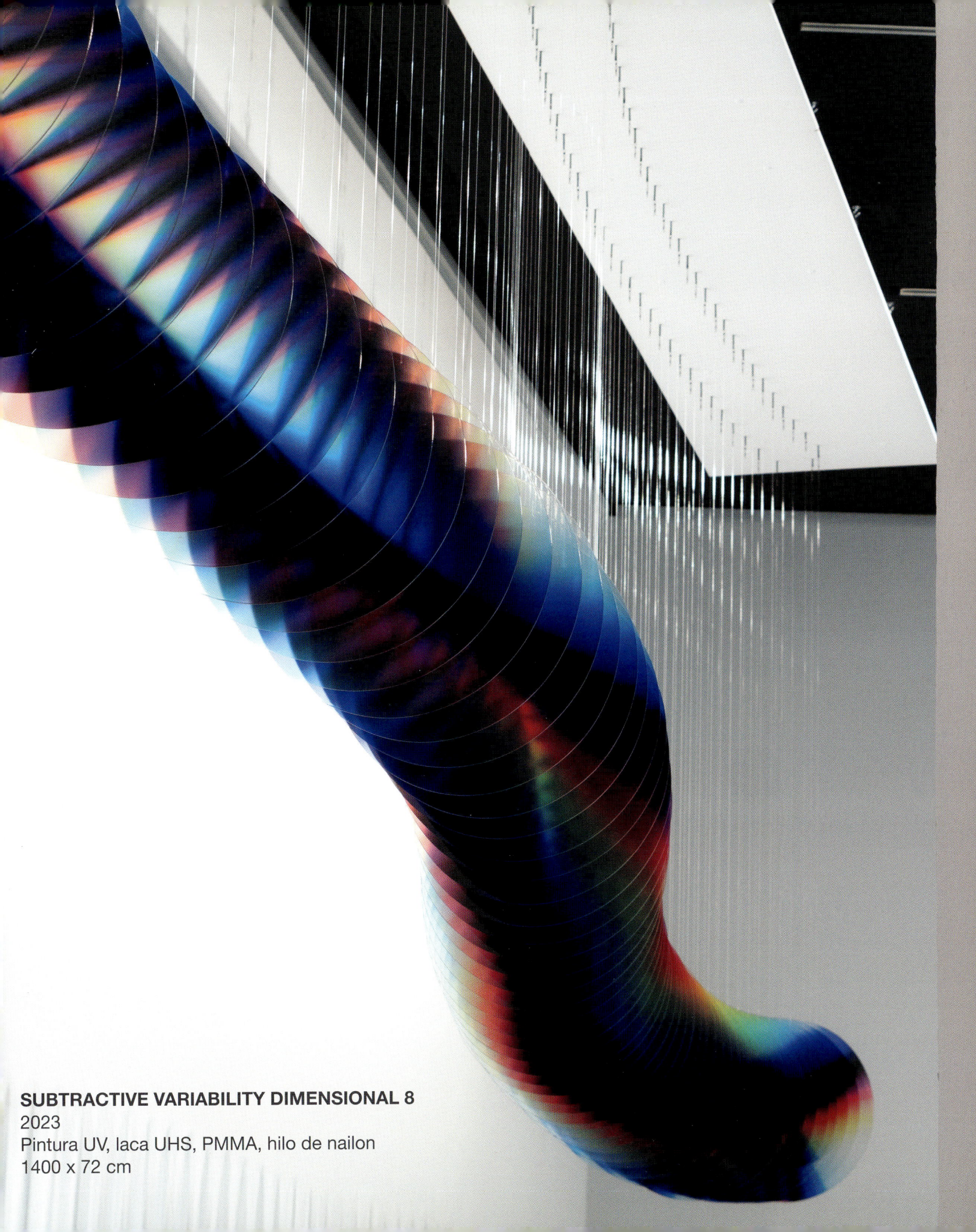

SUBTRACTIVE VARIABILITY DIMENSIONAL 8
2023
Pintura UV, laca UHS, PMMA, hilo de nailon
1400 x 72 cm

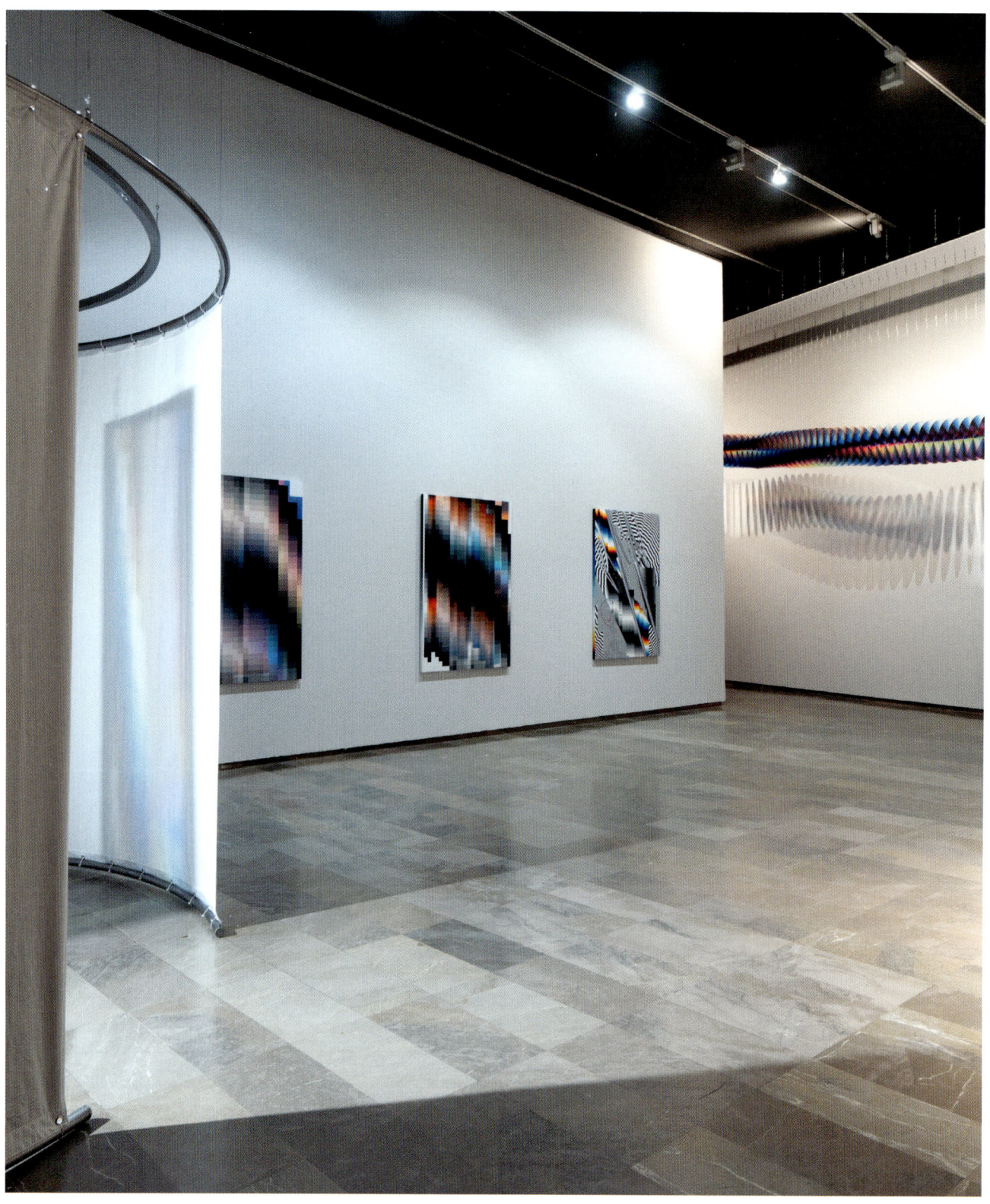

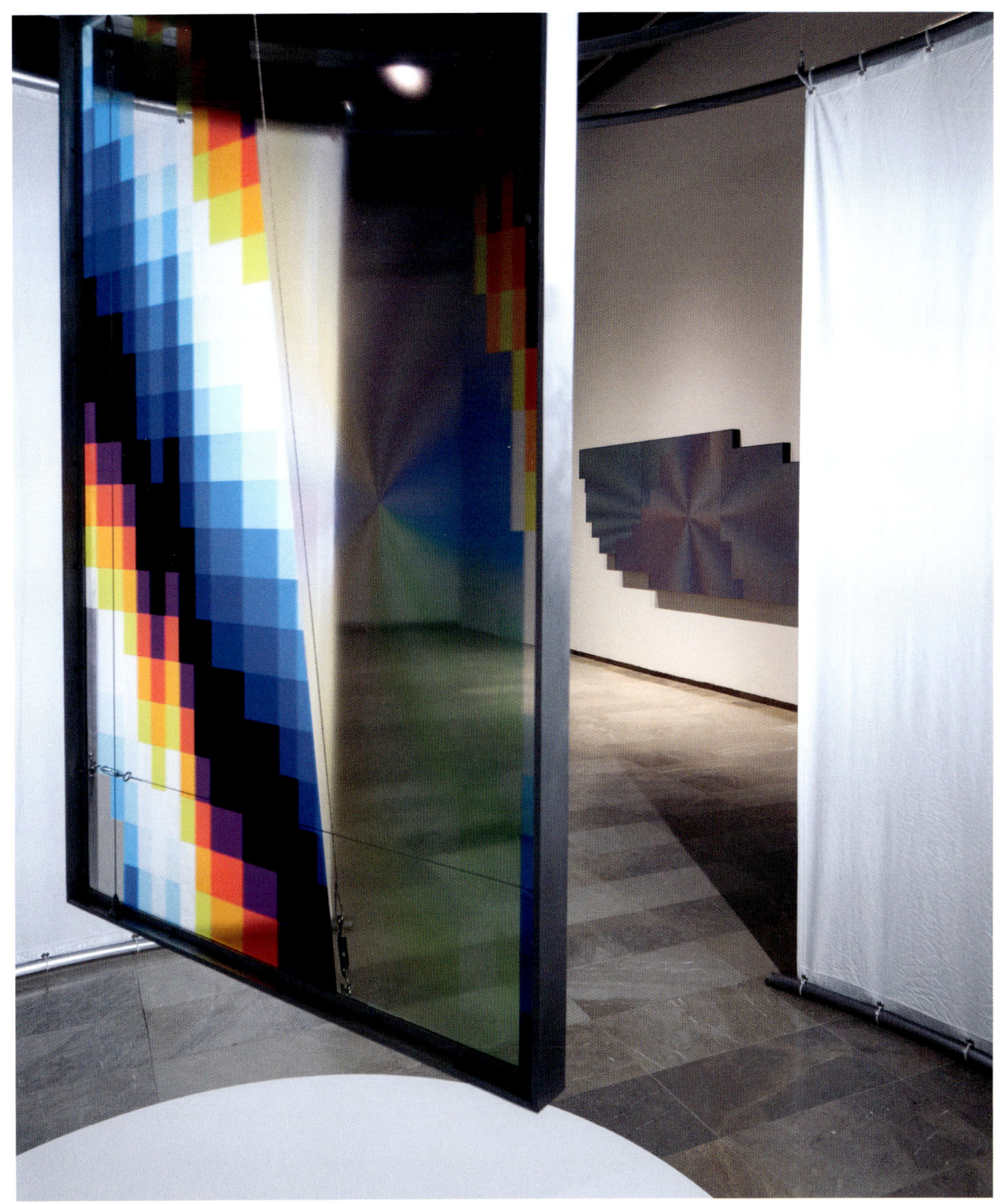

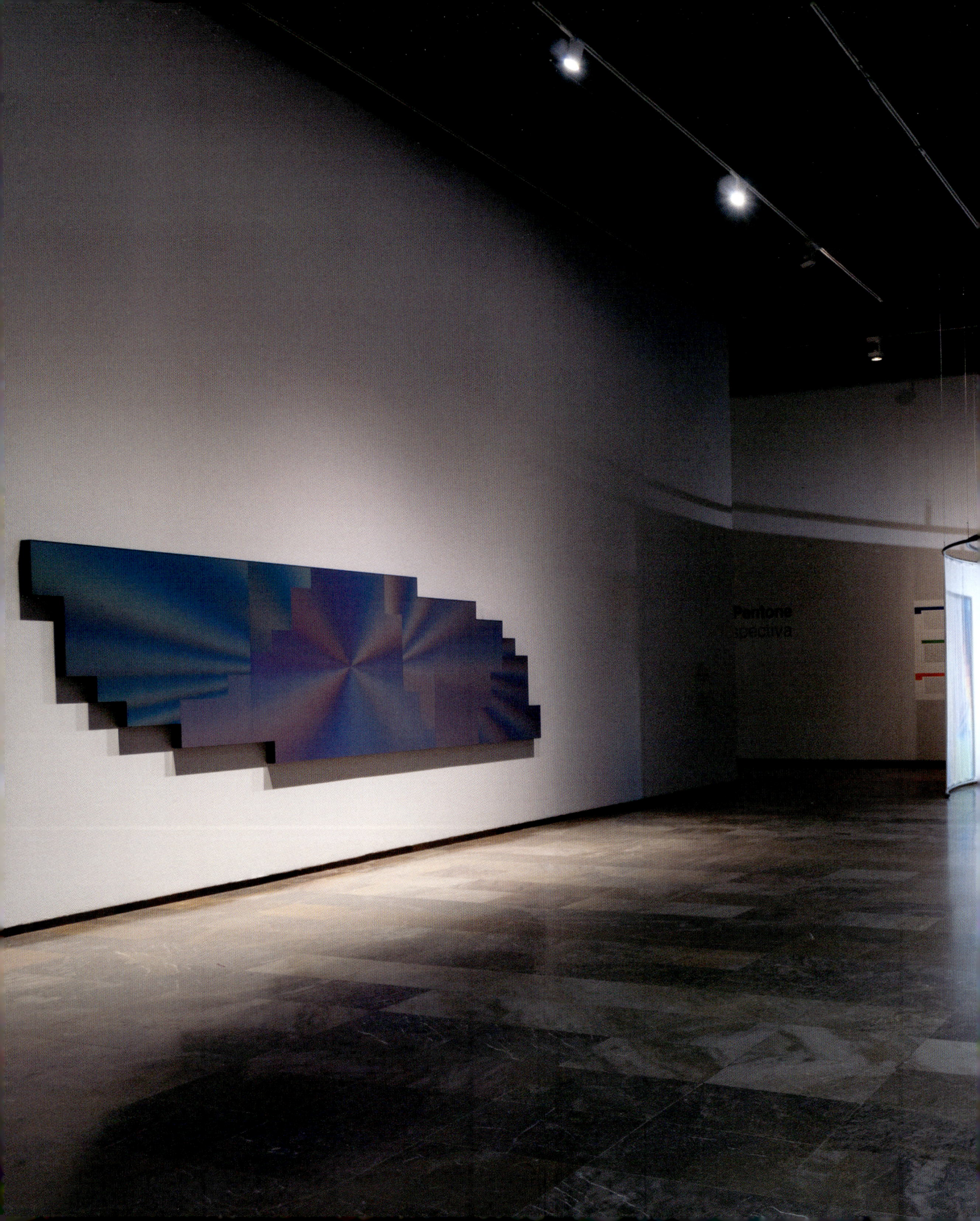

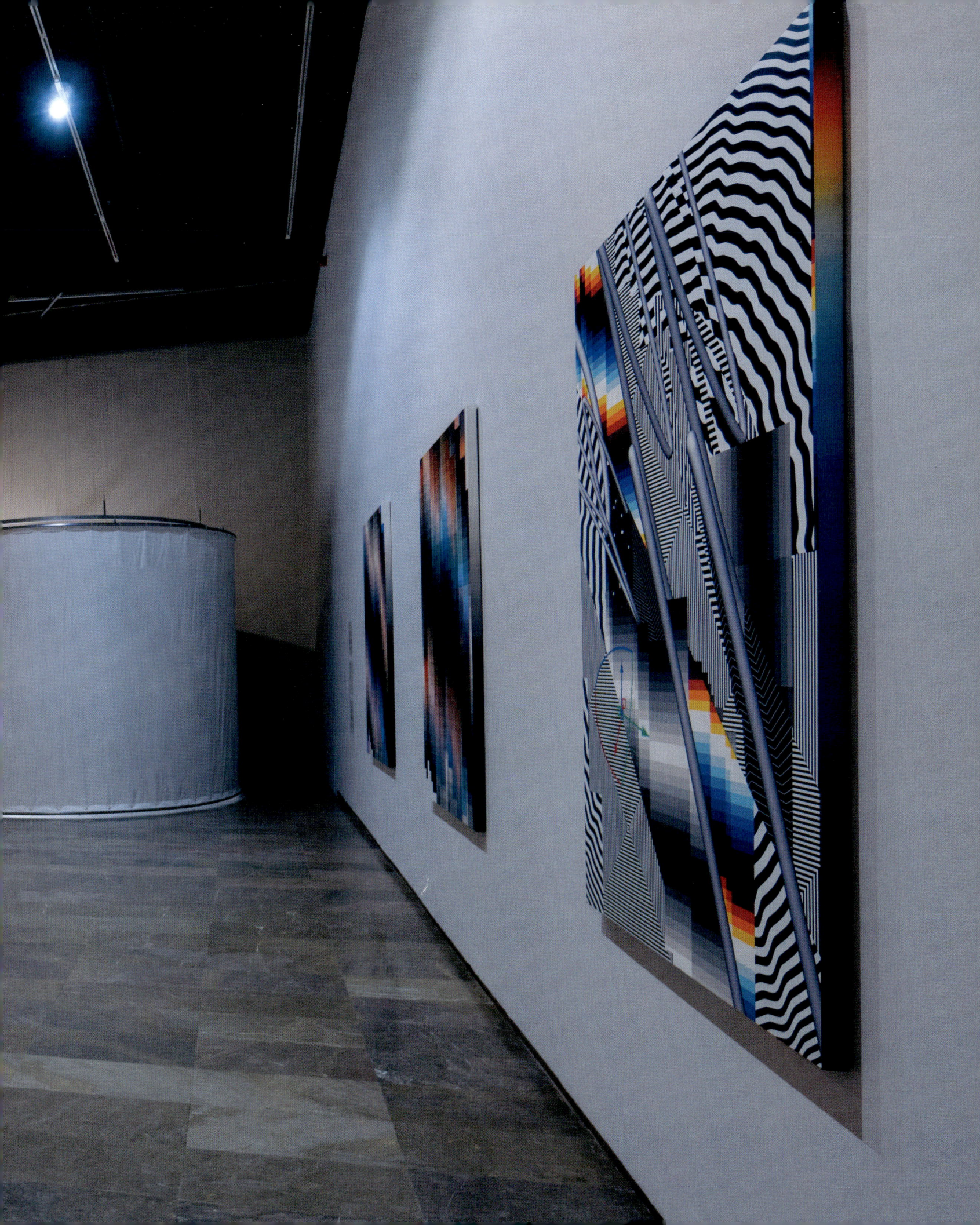

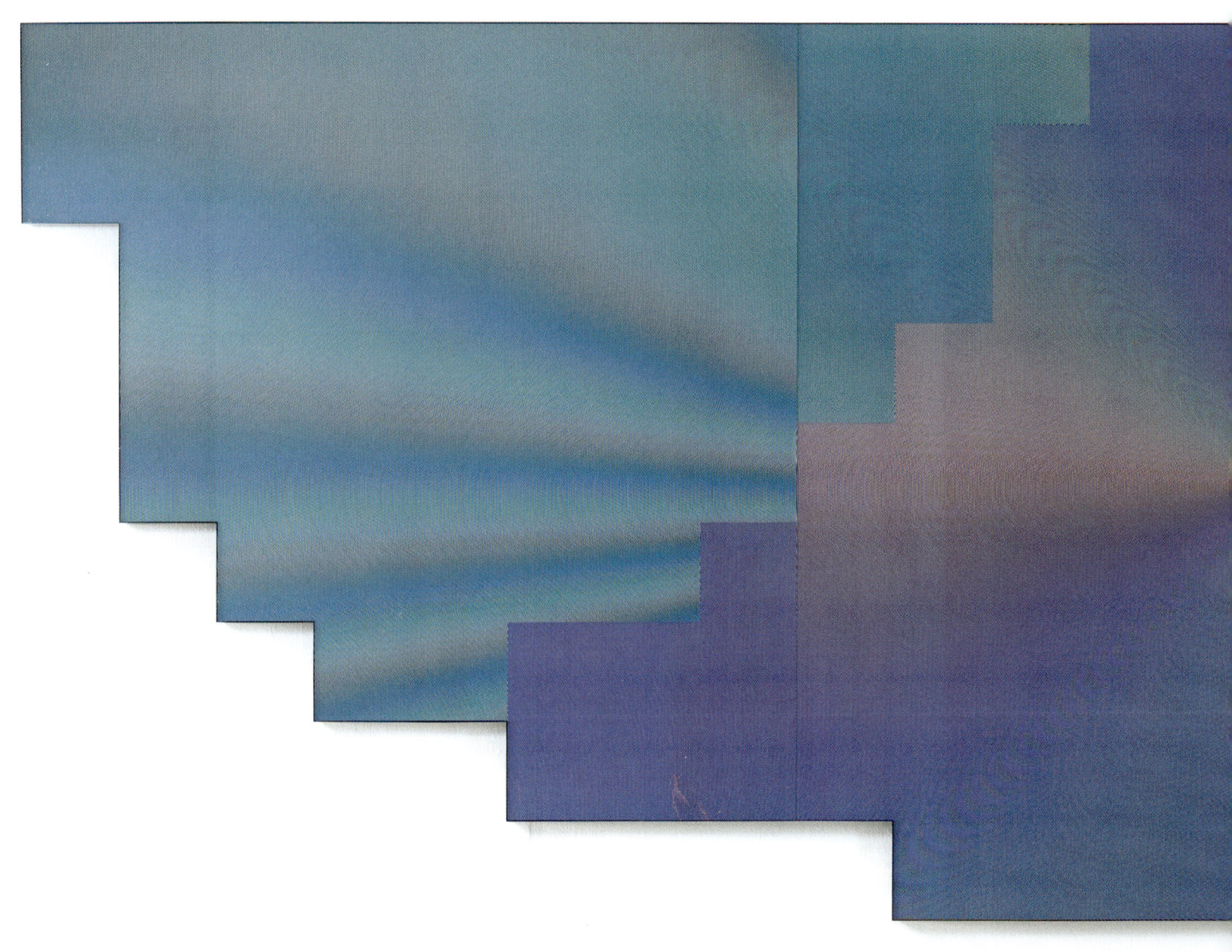

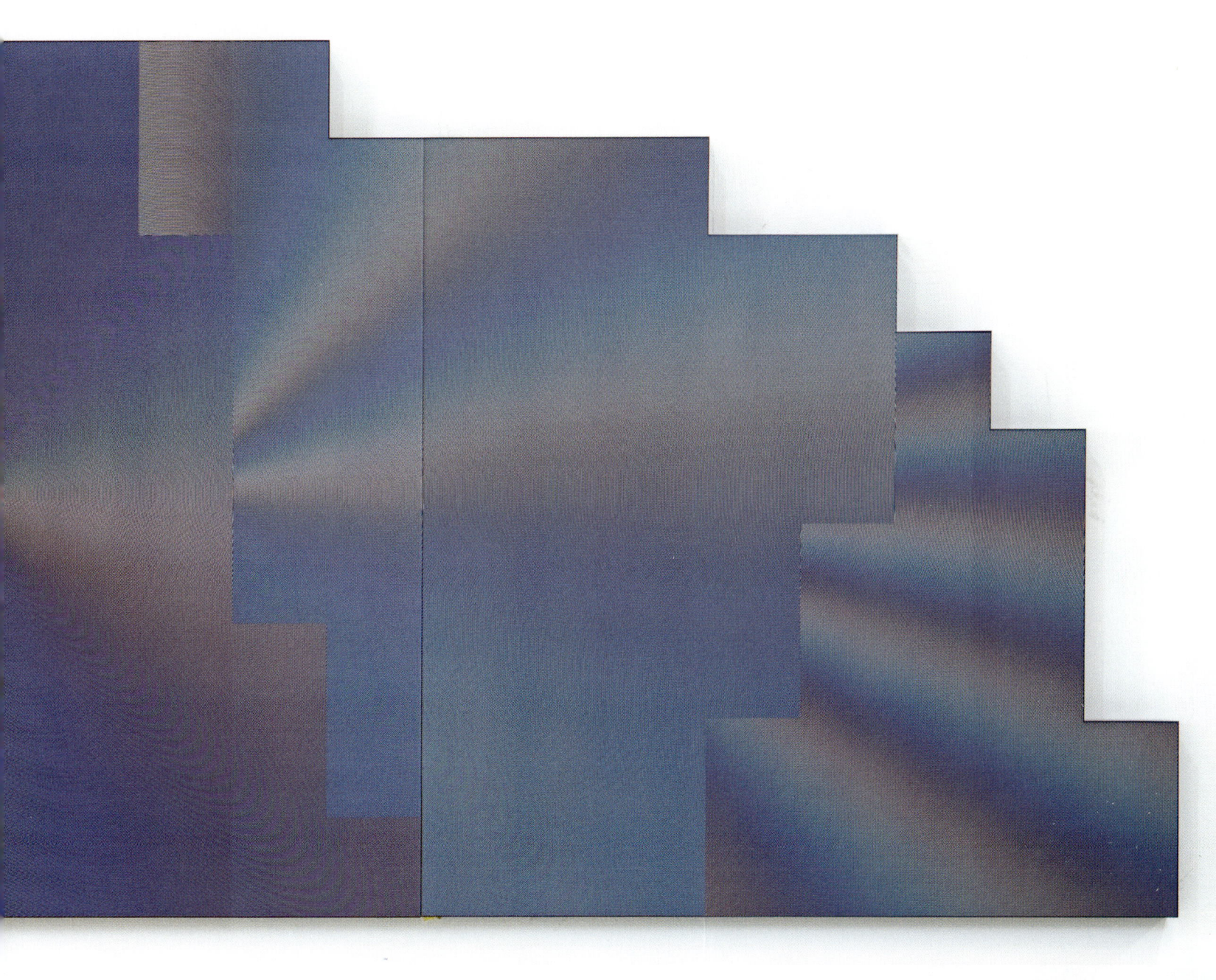

PLANNED IRIDESCENCE XT3
2023
Pintura UV, laca UHS, PMMA, aluminio anodizado
140 x 400 x 8,2 cm

Planned Iridescence s'inspira en la investigació del color de Carlos Cruz-Diez. En aplicar tinta UV en les dues cares de la làmina acrílica, Pantone imita experiències digitals en estes obres bidimensionals. Utilitzant gradients de l'espectre de llum, és possible controlar cada aspecte del color, la repetició, la direcció i la rotació. La posició de l'espectador respecte a l'obra crea una experiència comparable a una trobada cibernètica.

Planned Iridescence se inspira en la investigación del color de Carlos Cruz-Diez. Al aplicar tinta UV en ambas caras de la lámina acrílica, Pantone imita experiencias digitales en estas obras bidimensionales. Utilizando gradientes del espectro de luz, es posible controlar cada aspecto del color, la repetición, la dirección y la rotación. La posición del espectador con respecto a la obra crea una experiencia comparable a un encuentro cibernético.

Planned Iridescence is inspired by Carlos Cruz-Diez's colour research. By applying UV ink to both sides of the acrylic sheet, Pantone mimics digital experiences in these two-dimensional works. Using light spectrum gradients, it is possible to control every aspect of colour, repetition, direction, and rotation. The position of the viewer with respect to the work creates an experience that is comparable to a cyber encounter.

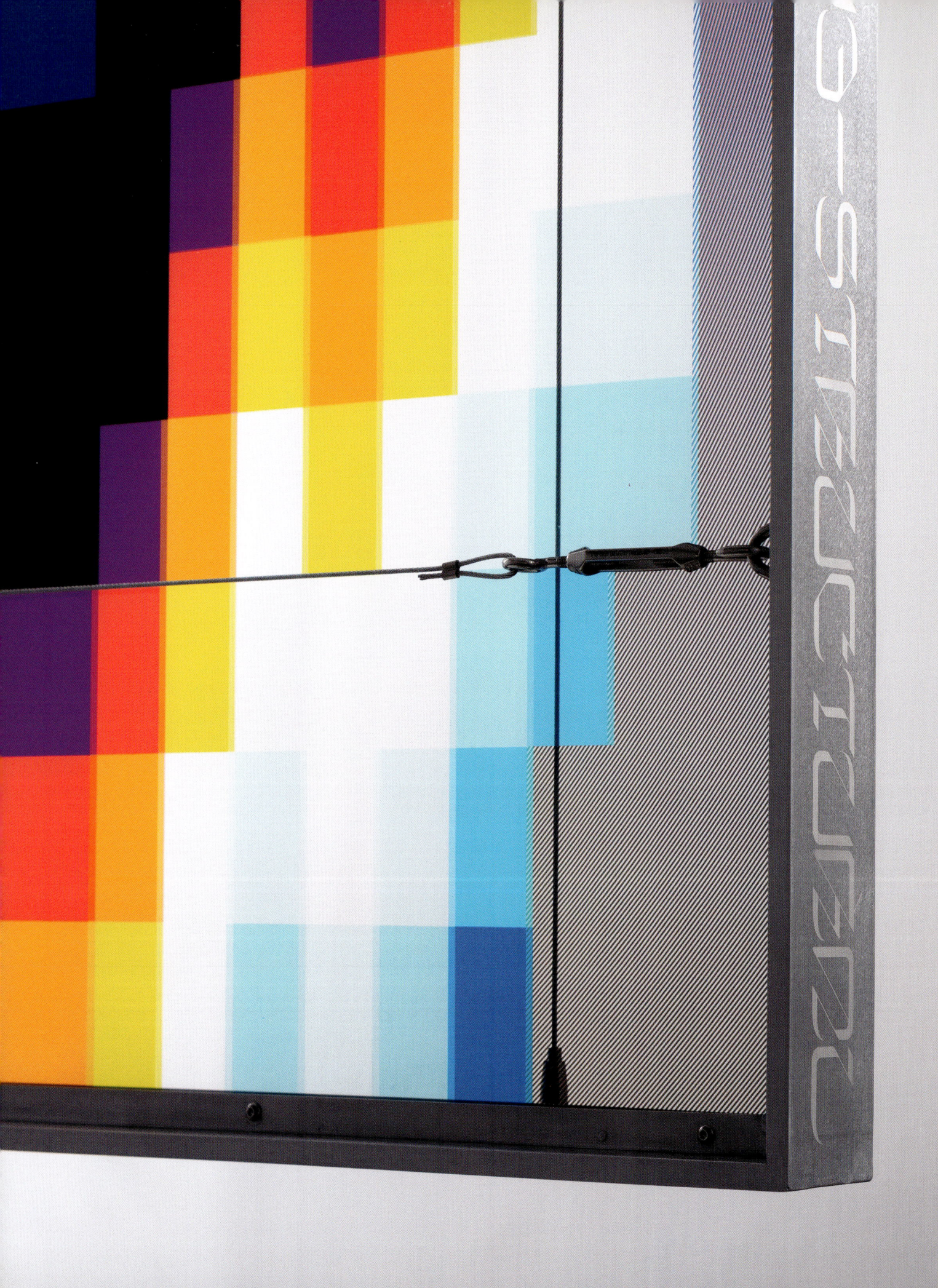

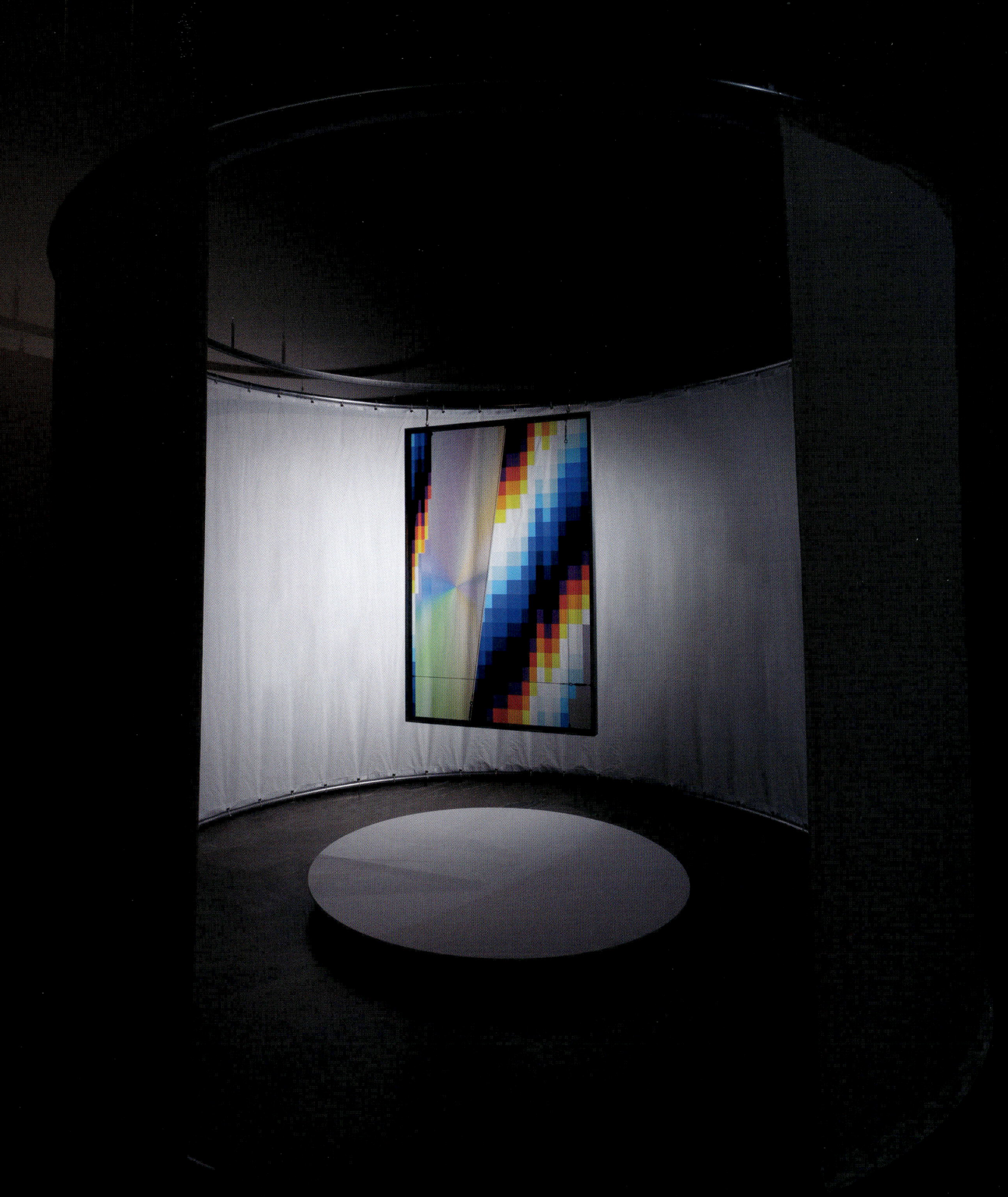

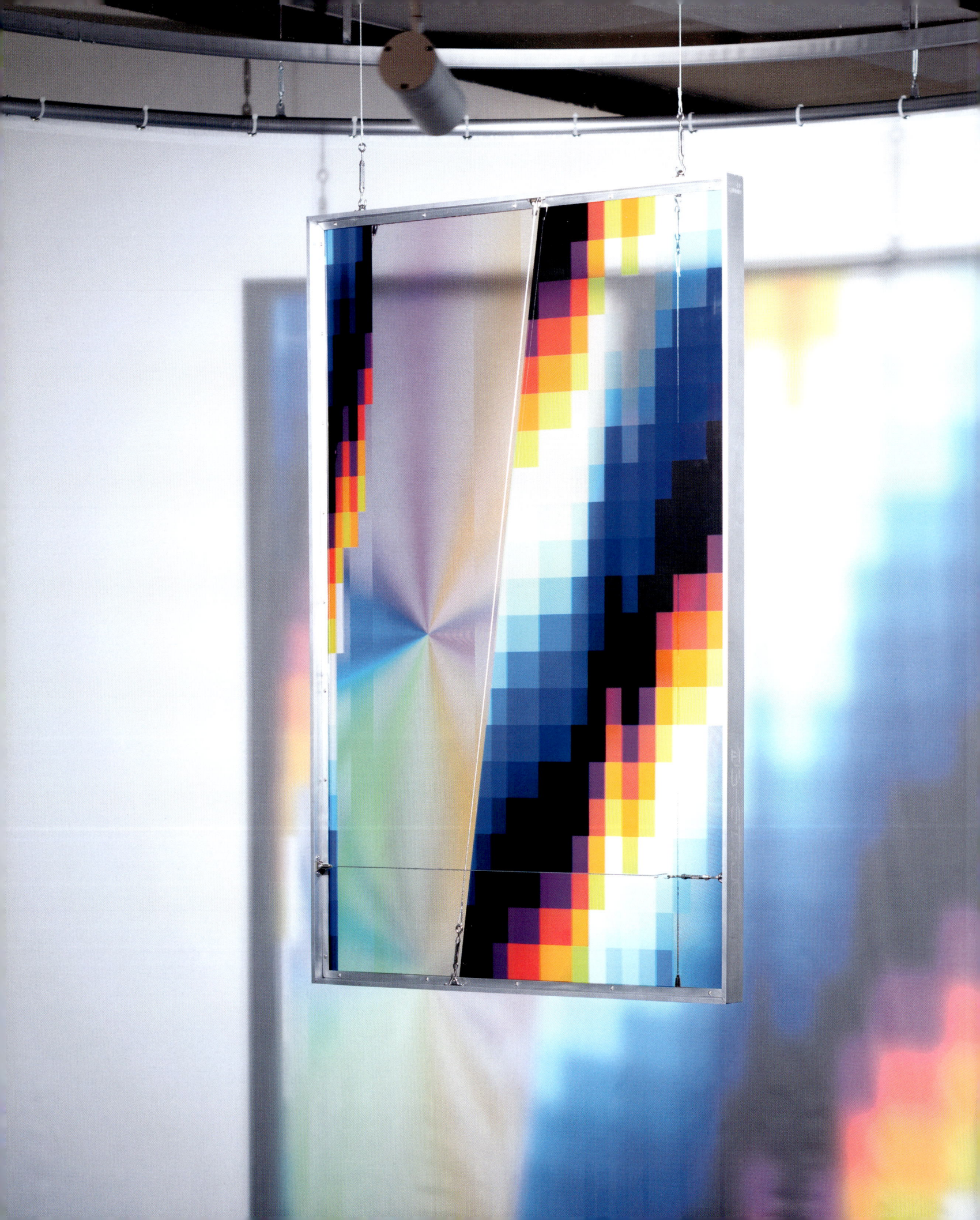

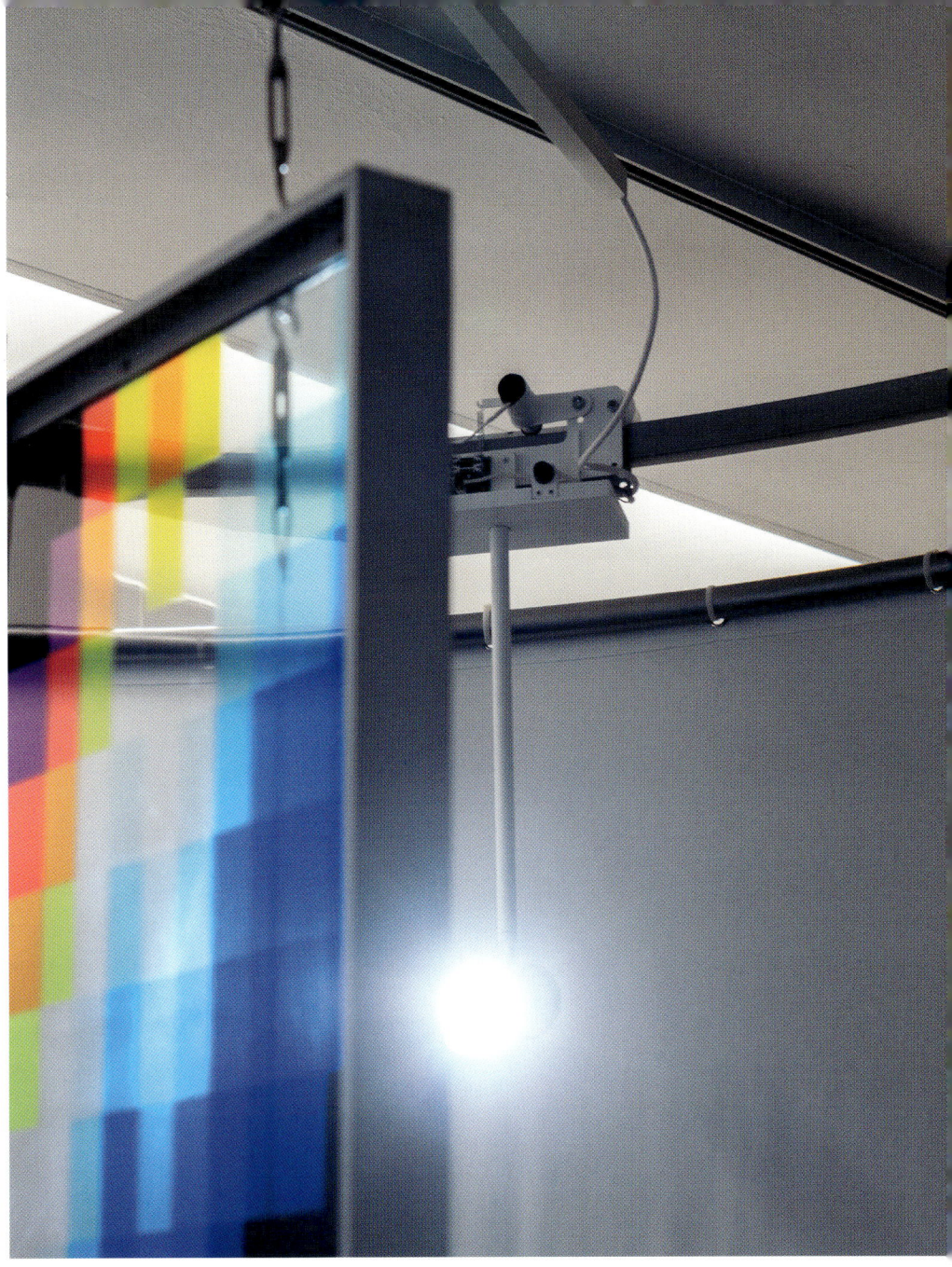

W3-STRUCTURAL 12
2023
Pintura UV, laca UHS, aluminio y acero
150 x 100 x 6 cm

L'obra W3-Structural recorda vitralls digitals sobre la cultura de carrer digitalizada, amb etiquetes de metall, colors d'ordinador i components arquitectònics d'alta tecnologia que només tenen una funció estètica.

La obra W3-Structural recuerda a vitrales digitales sobre la cultura de calle digitalizada, con etiquetas de metal, colores de ordenador y componentes arquitectónicos de alta tecnología que solo tienen una función estética.

The work W3 Structural, is reminiscent of stained glass windows and a digitalized street culture, with metal tags, computer colours, and high-tech architectural components that only have an aesthetic function.

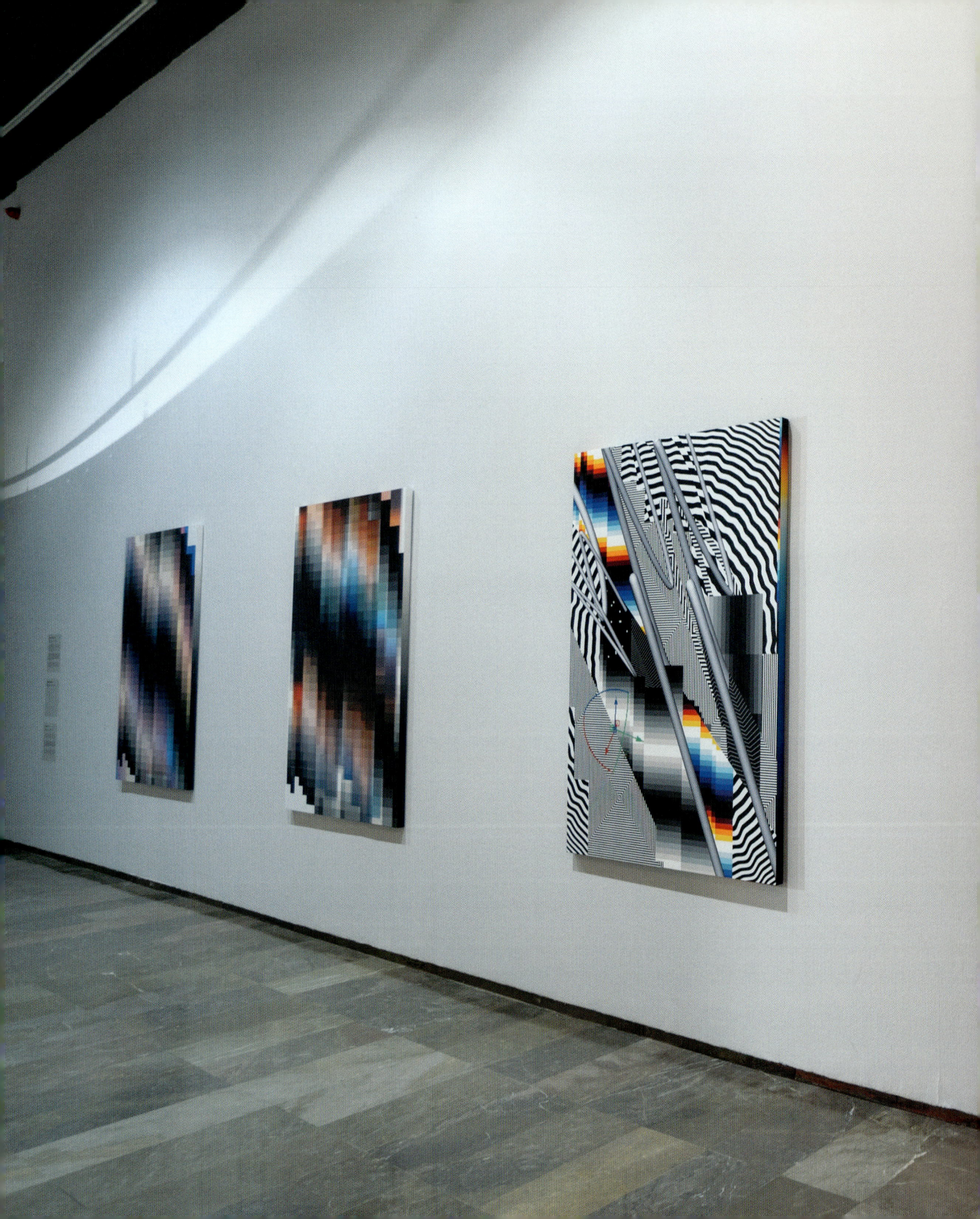

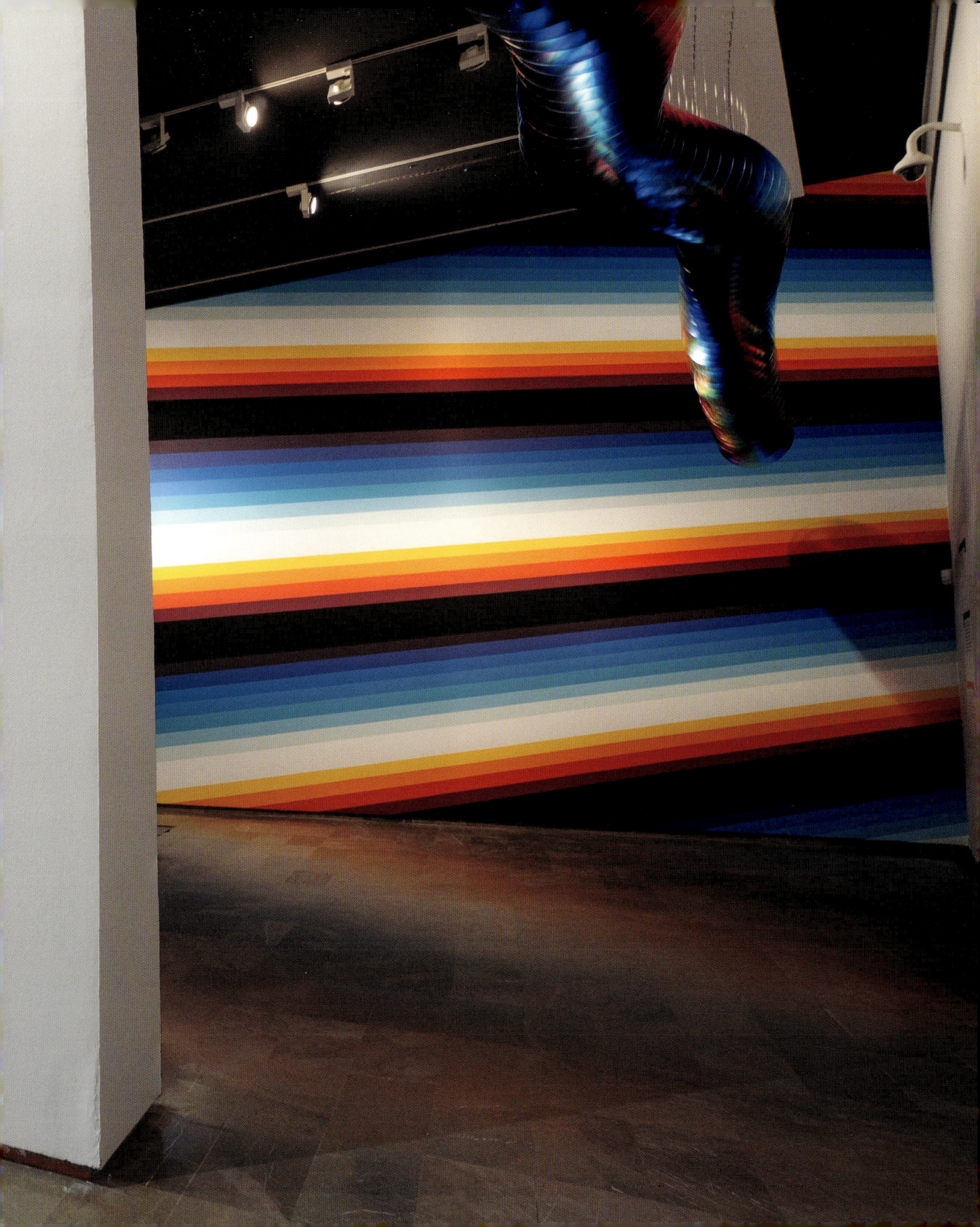

Chromadynamica és una sèrie de pintures vibrants i dinàmiques amb composicions abstractes inspirades en la física de la llum i el color i executades amb centenars de píxels. Amb la seua combinació de formes geomètriques, degradats i patrons, les pintures de Chromadynamica són composicions impactants visualment que juguen amb la percepció de l'espai i la forma per part de l'espectador.
Les obres solen presentar una gamma de colors brillants i contrastats que es mesclen per a crear una sensació de moviment i energia.

Chromadynamica es una serie de pinturas vibrantes y dinámicas con composiciones abstractas inspiradas en la física de la luz y el color, ejecutadas en cientos de píxeles. Con su combinación de formas geométricas, degradados y patrones, las pinturas de Chromadynamica son composiciones visualmente impactantes que juegan con la percepción del espacio y la forma del espectador. Las obras suelen presentar una gama de colores brillantes y contrastantes que se combinan para crear una sensación de movimiento y energía.

Chromadynamica is a series of vibrant and dynamic paintings with abstract compositions inspired by the physics of light and colour and executed in hundreds of pixels. With their combination of geometric shapes, gradients, and patterns, the Chromadynamica paintings are visually striking compositions that play with the viewer's perception of space and form. The works often feature a range of bright and contrasting colours that blend together to create a sense of movement and energy.

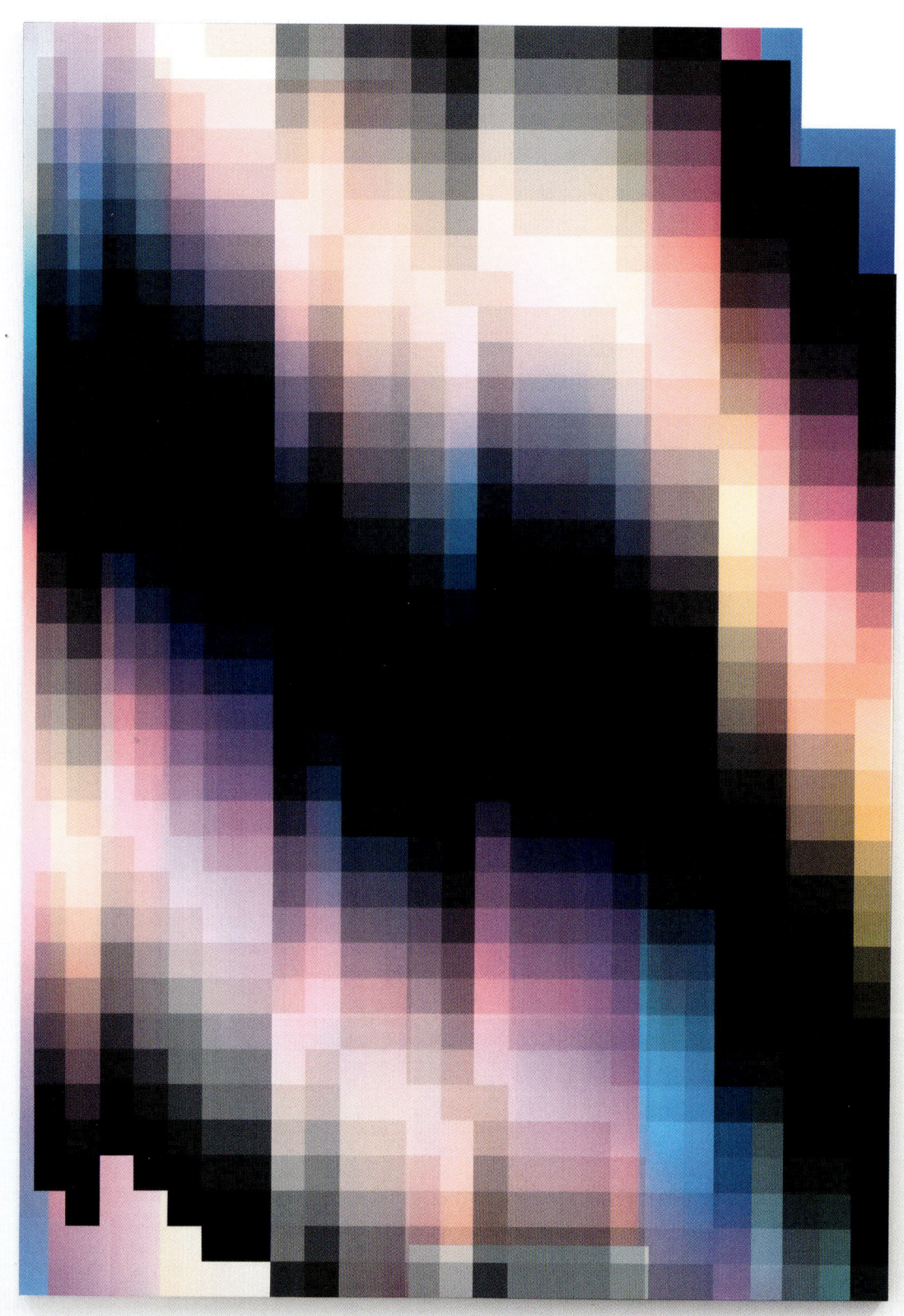

CHROMADYNAMICA 104
2019
Pintura UV y enamel, panel de aluminio composite
170 x 120 x 4 cm

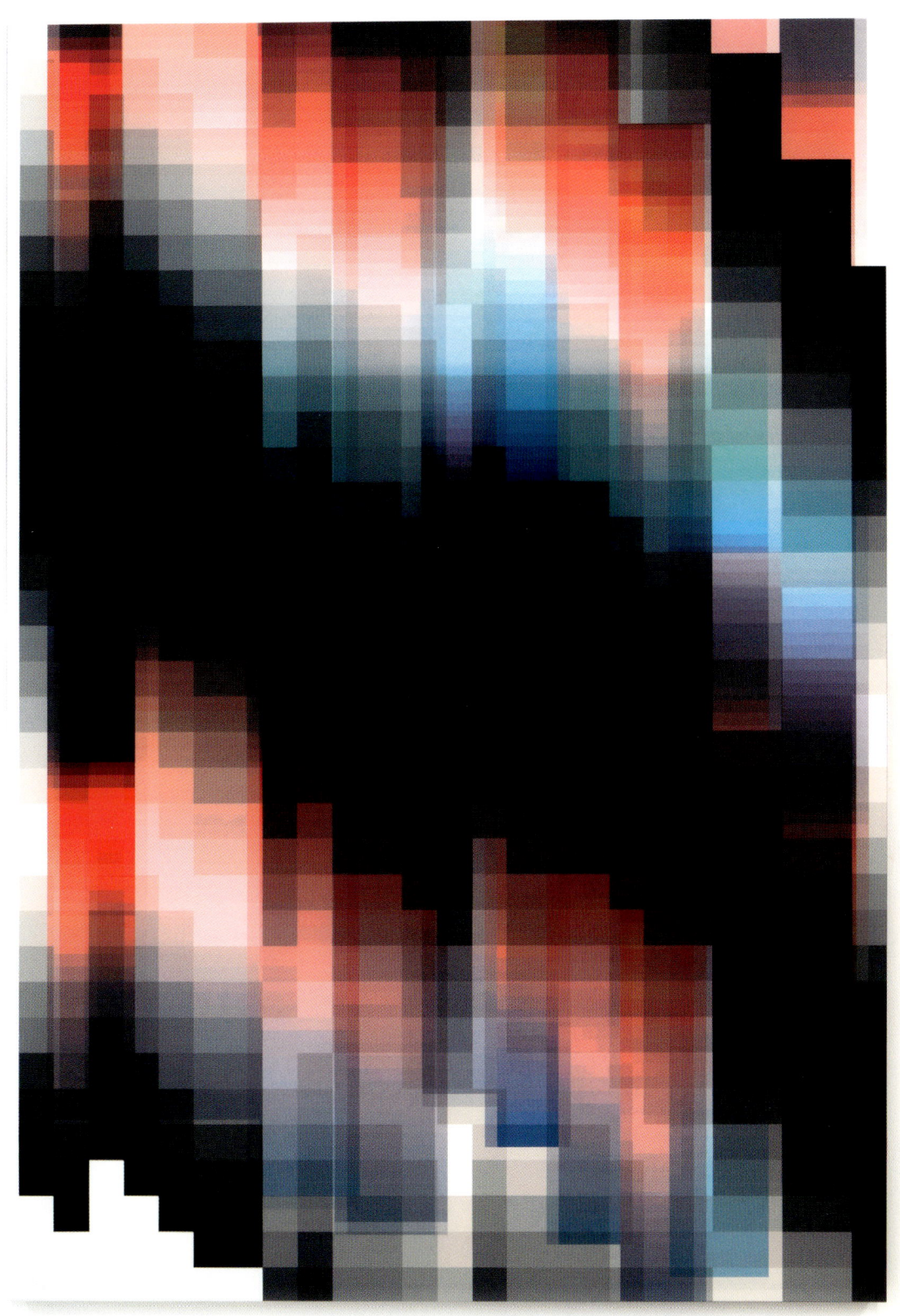

CHROMADYNAMICA 106
2019
Pintura UV y enamel, panel de aluminio composite
170 x 120 x 4 cm

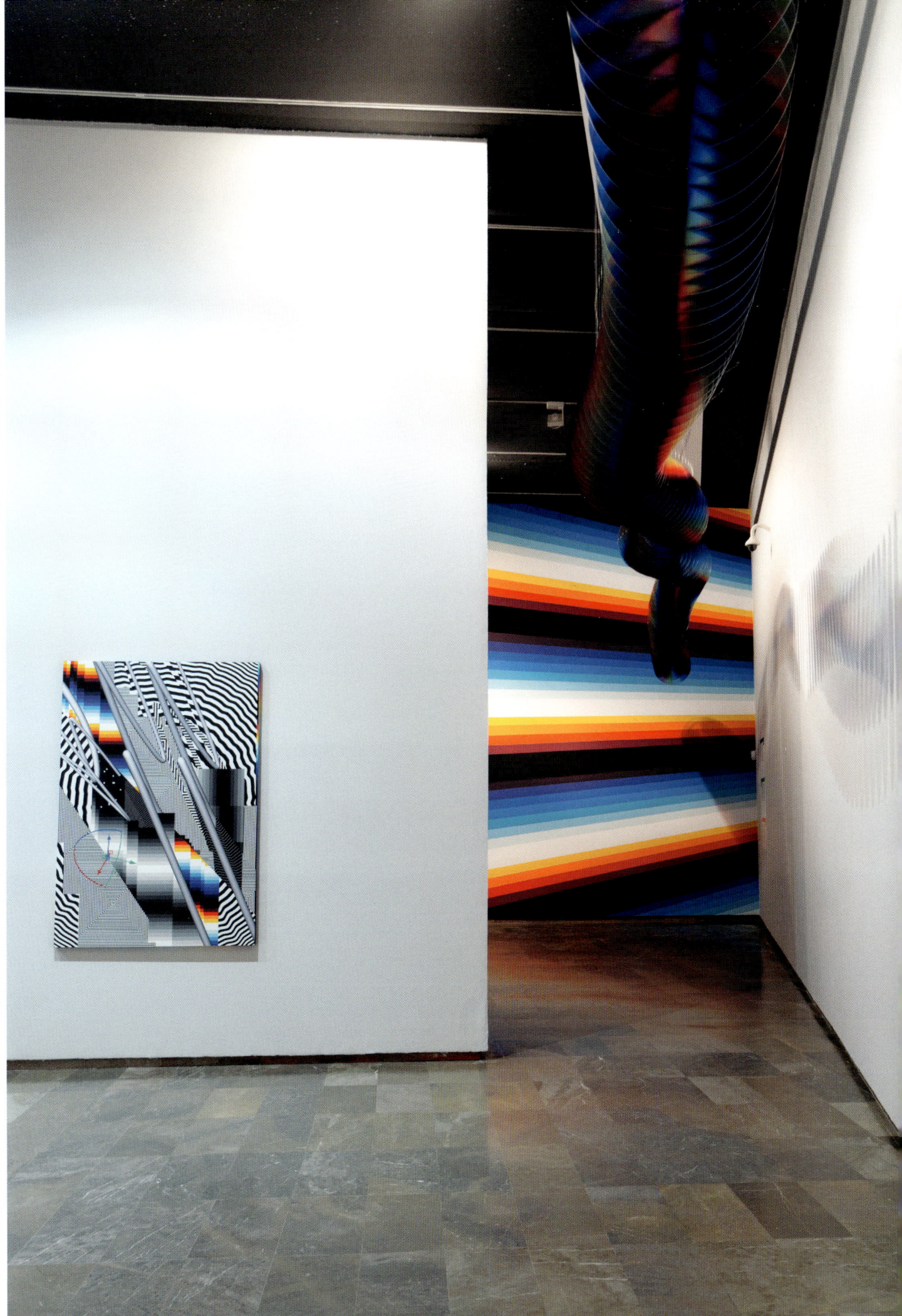

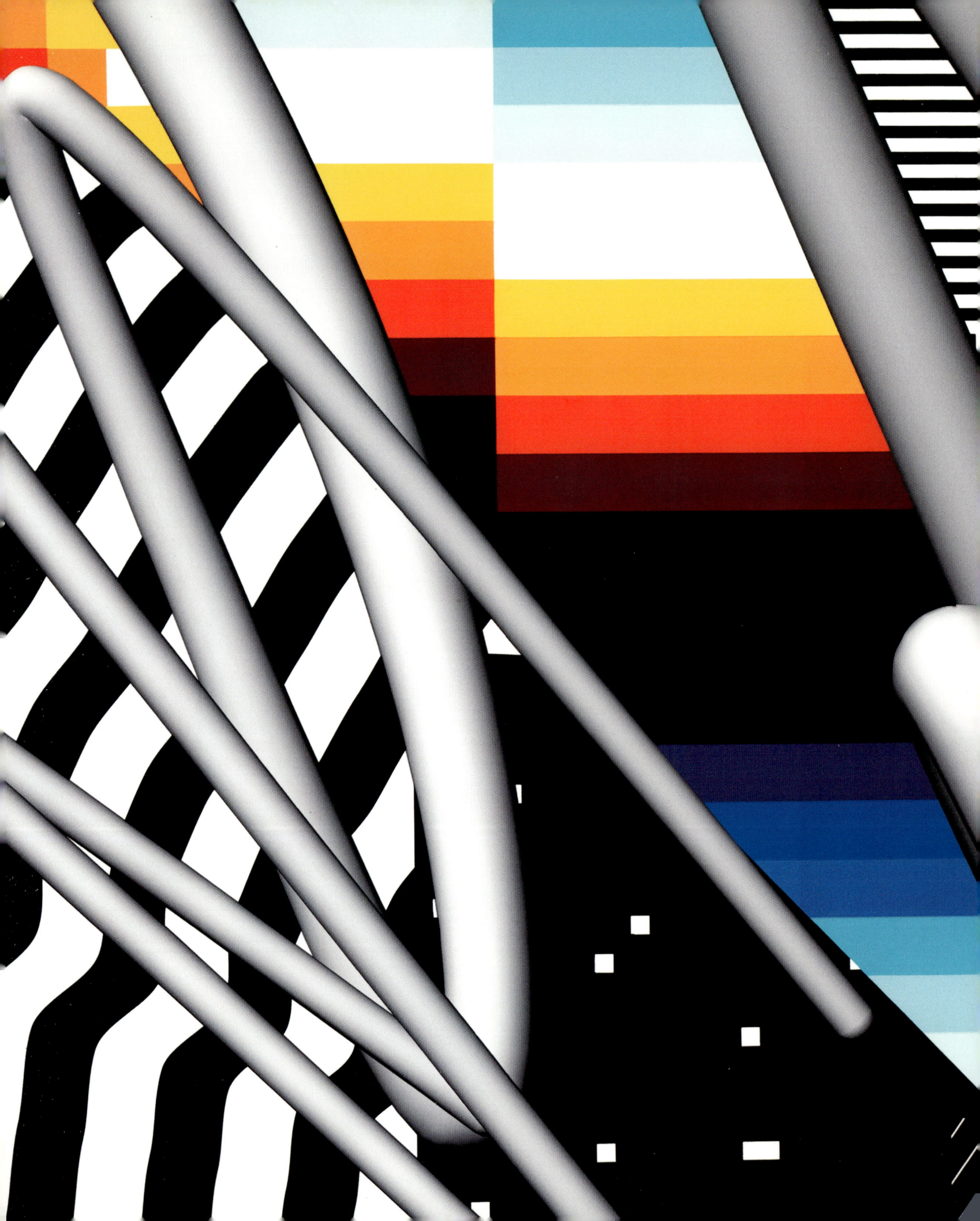

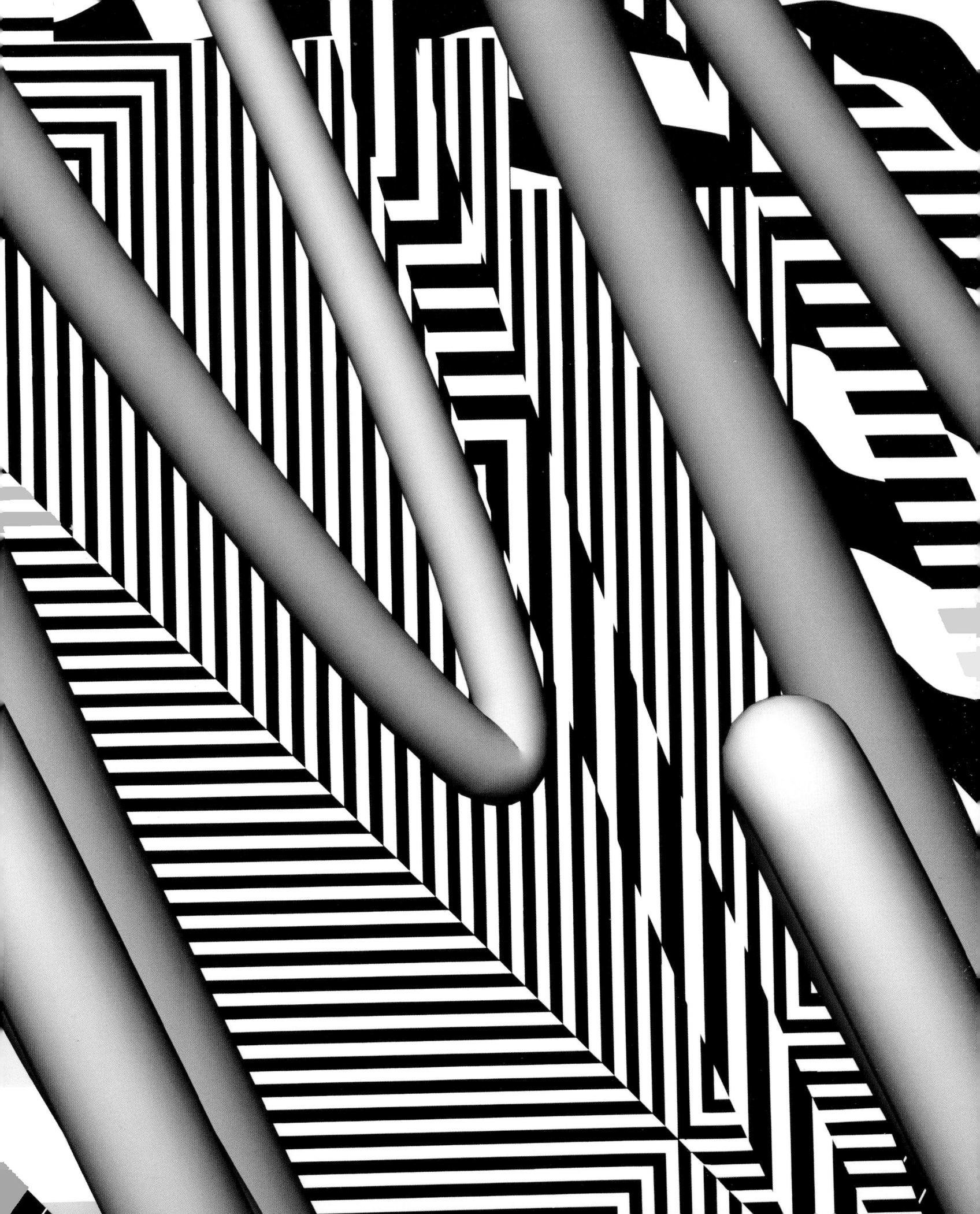

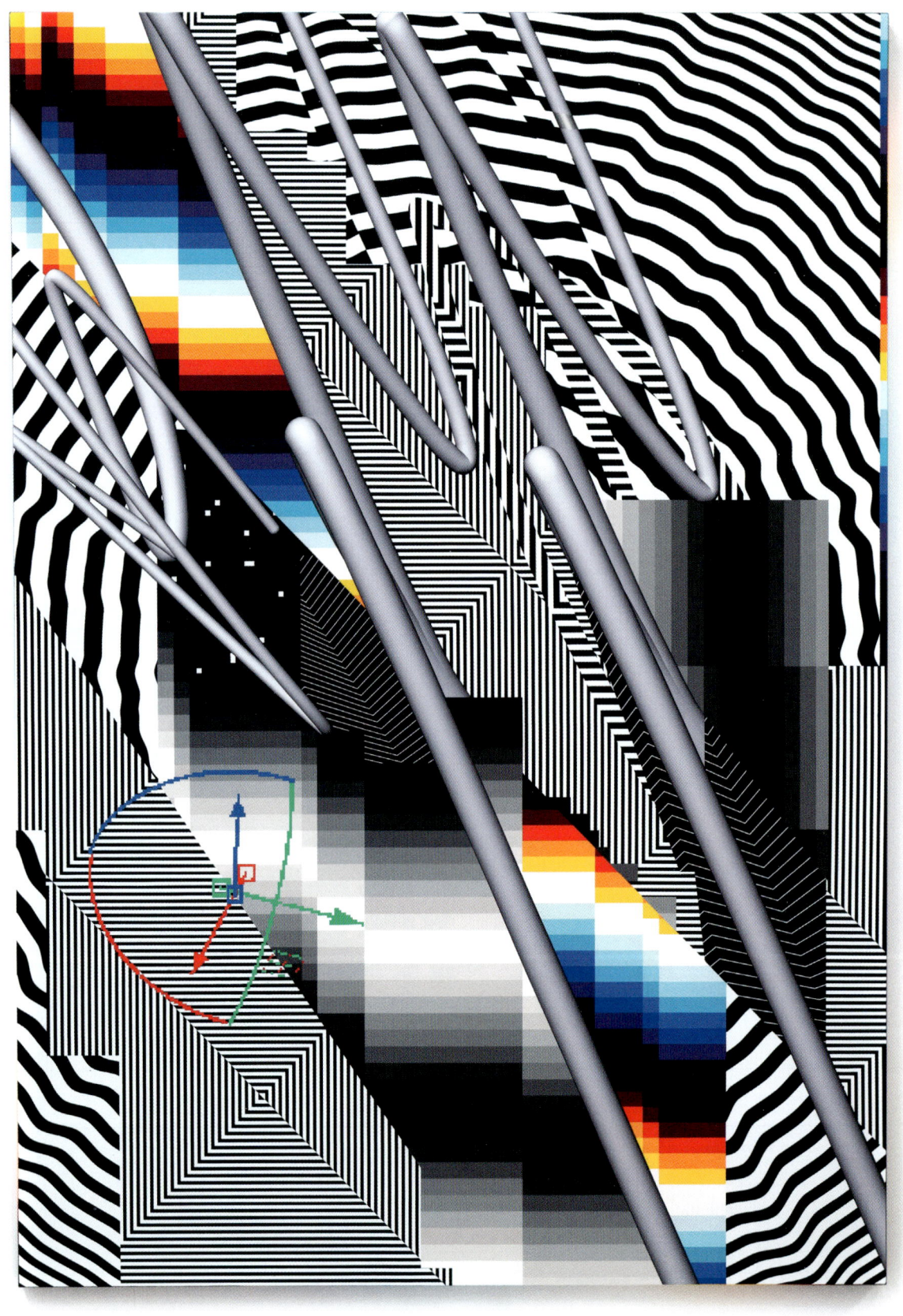

64

OPTICHROMIE 116
2019
Pintura UV y enamel, panel de aluminio composite
170 x 120 x 4 cm

El títol Optichromie s'inspira en, i al mateix temps li ret homenatge, l'artista Carlos Cruz-Diez, que va crear les anomenades fisicromías, basades en una combinació de percepció i color. En augmentar els contrastos de les obres amb l'ajuda del grafiti i un enfocament quasi fotogràfic, només hi romanen elements en blanc i negre similars a l'art òptic i colors saturats, que creen composicions més abstractes de Pantone, inclosa Opticromía.

El título Optichromie se inspira en, y al mismo tiempo rinde homenaje al artista Carlos Cruz-Diez, quien creó las llamadas Fisicromías, basadas en una combinación de percepción y color. Al aumentar los contrastes de las obras con la ayuda del graffiti y un enfoque casi fotográfico, solo permanecen elementos en blanco y negro similares al arte óptico y colores saturados, creando composiciones más abstractas de Pantone, incluida Opticromía.

The title Optichromie is inspired by, and at the same time a tribute to, the artist Carlos Cruz-Diez who made so-called Physichromies, based on a combination of perception and colour. By increasing the contrasts of the works with the help of graffiti and an almost photographical approach, only black and white, op-art-like elements and saturated colours remain, creating Pantone's more abstract compositions, including Optichromie.

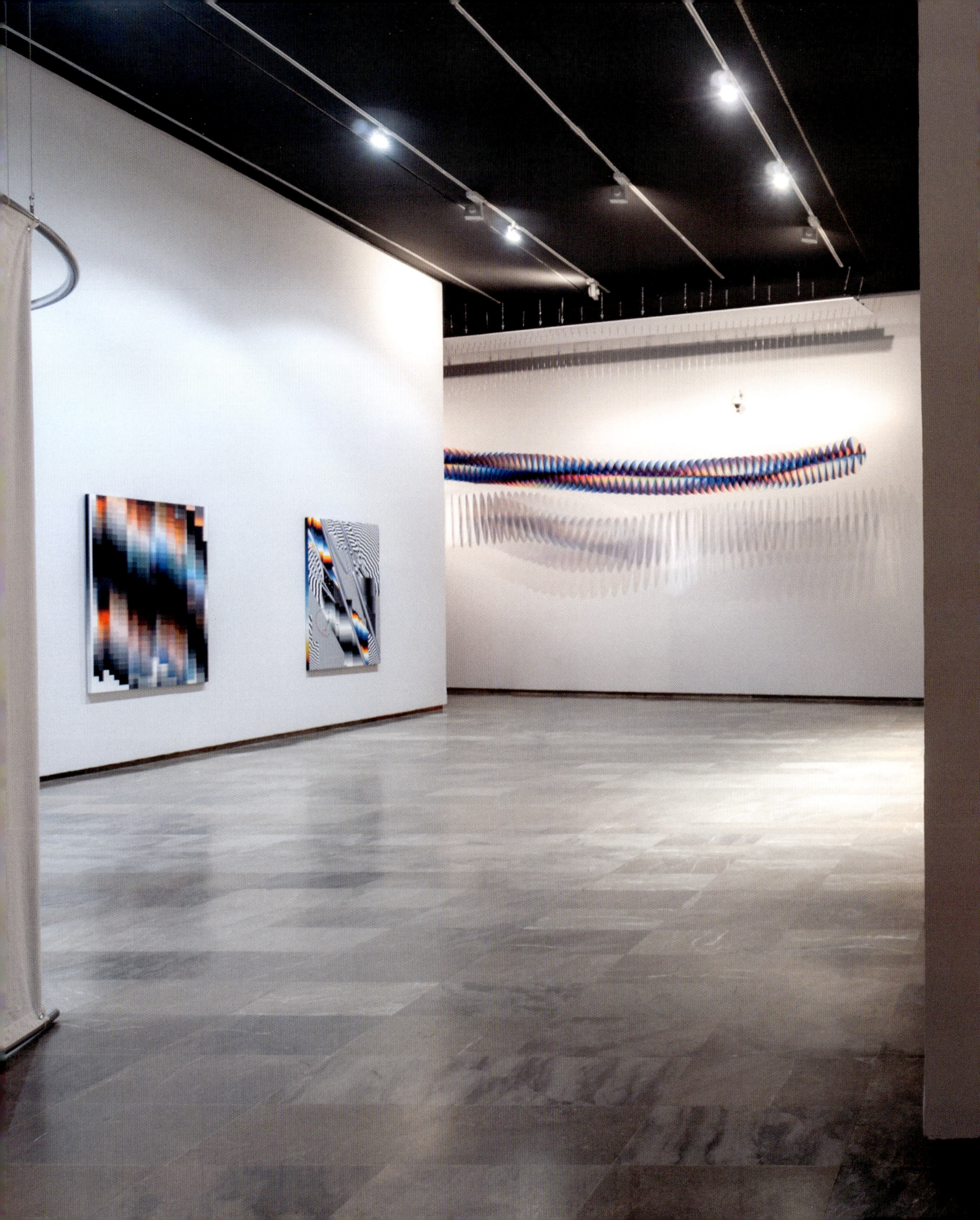

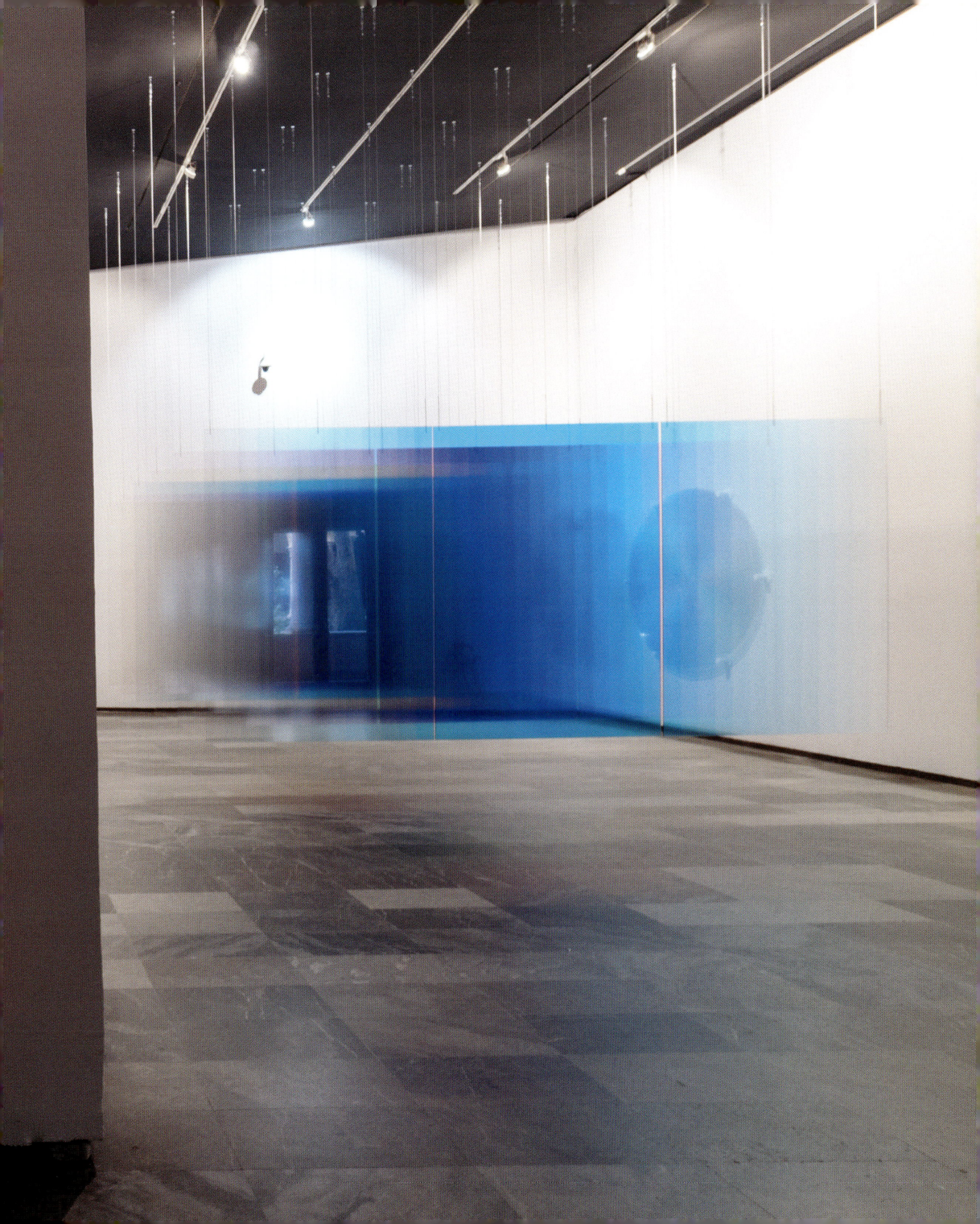

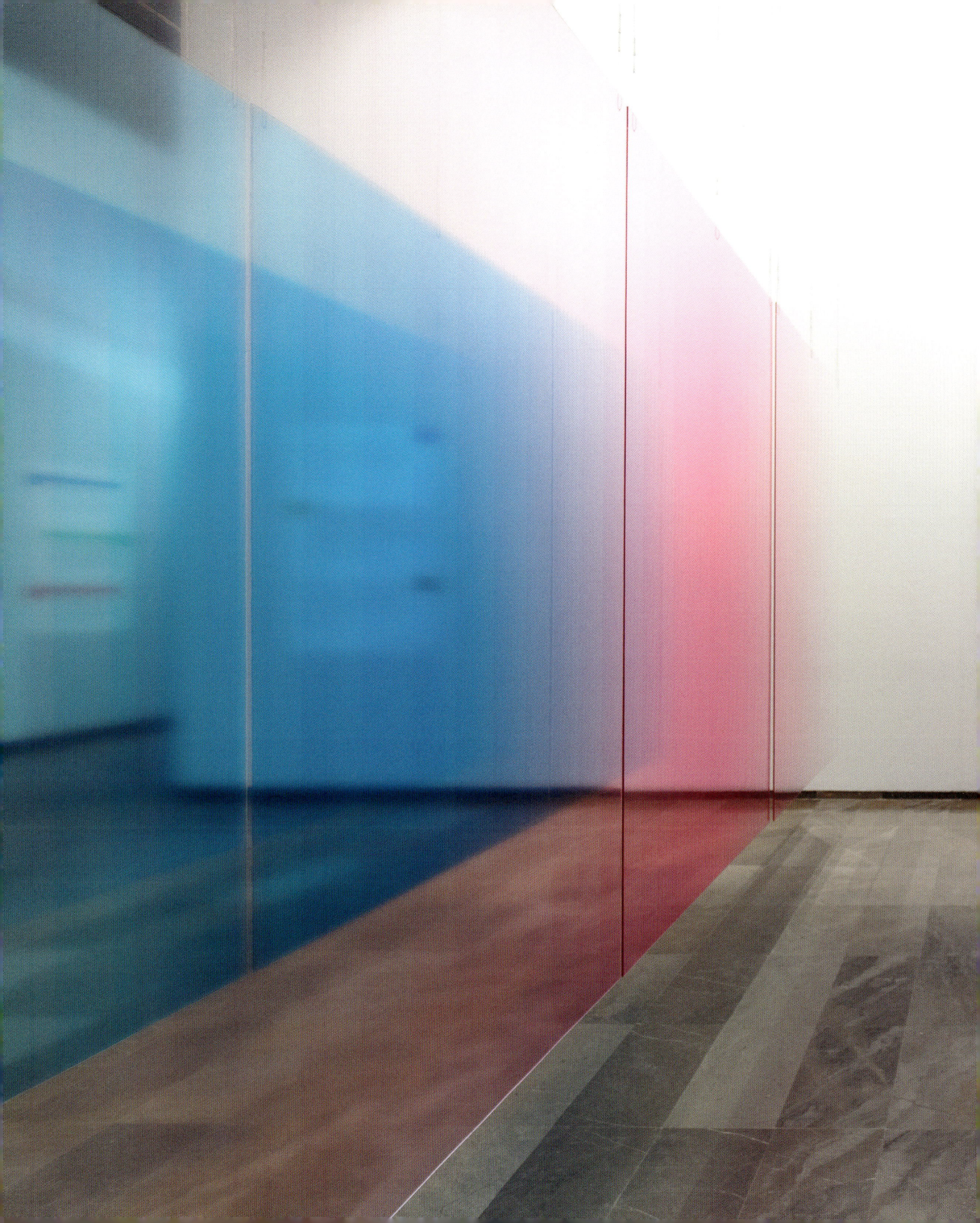

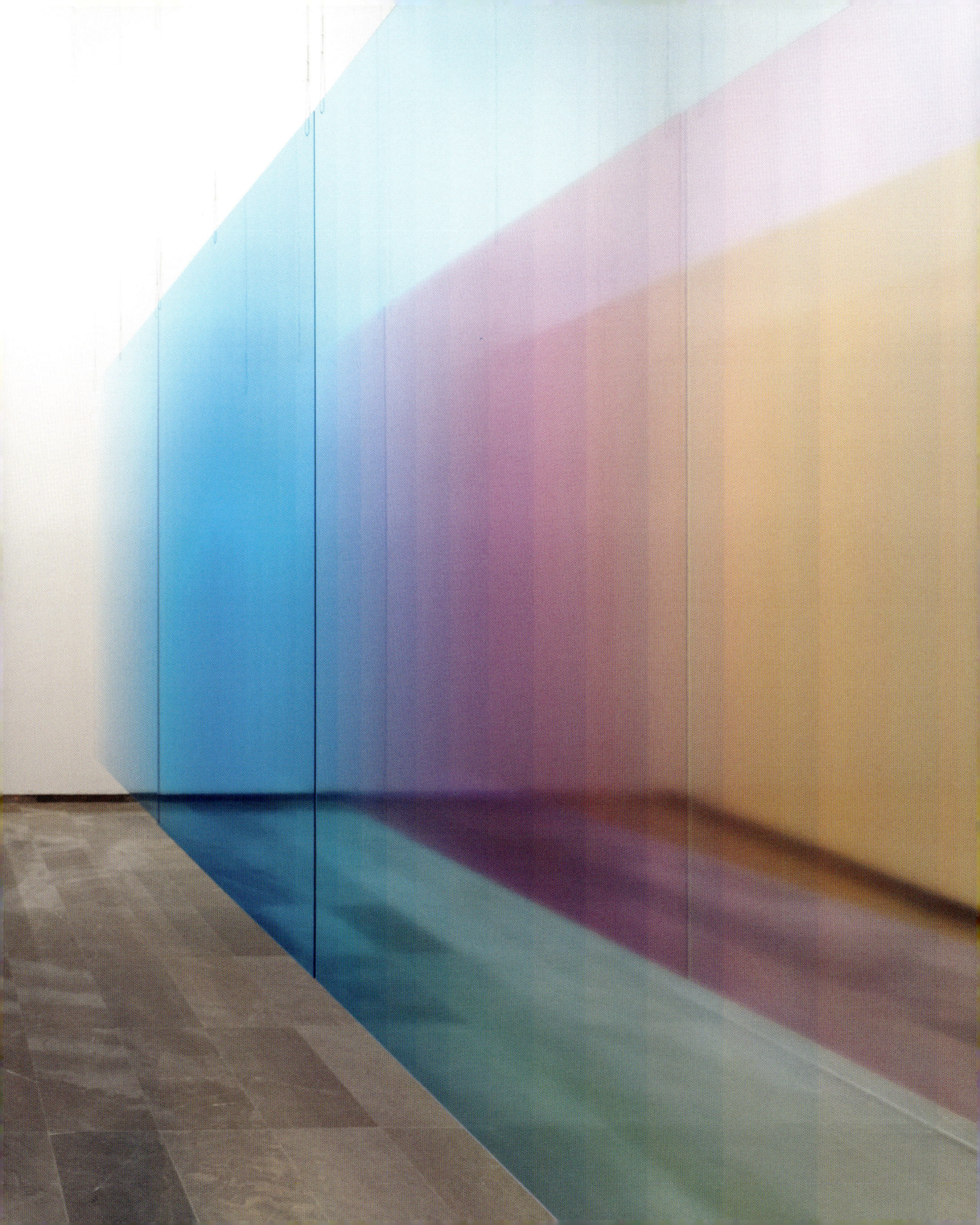

SUBTRACTIVE VARIABILITY TRAVERSABLE
2023
Pintura UV, laca UHS, PMMA, hilo de nailon
200 x 150 x 0,3 cm cada panel

Els panells de Subtractive Variability Traversable de diferents colors se superposen entre si i encarnen aspectes fonamentals del treball de Pantone, com el moviment, la llum i les variacions de color. Es convida l'espectador a activar l'obra travessant-la i observant-la des de diferents angles, per a crear una imatge diferent una vegada i una altra.

Los paneles de Subtractive Variability Traversable de diferentes colores se superponen entre sí y encarnan aspectos fundamentales del trabajo de Pantone, como el movimiento, la luz y las variaciones de color. Se invita al espectador a activar la obra atravesándola y observándola desde diferentes ángulos, creando una imagen diferente una y otra vez.

The differently coloured, panels of Subtractive Variability Traversable overlap each other and embody fundamental aspects of Pantone's work such as movement, light, and colour variations. The viewer is invited to manipulate the artwork by walking thru the work and observing it from different angles, creating a different image time and time again.

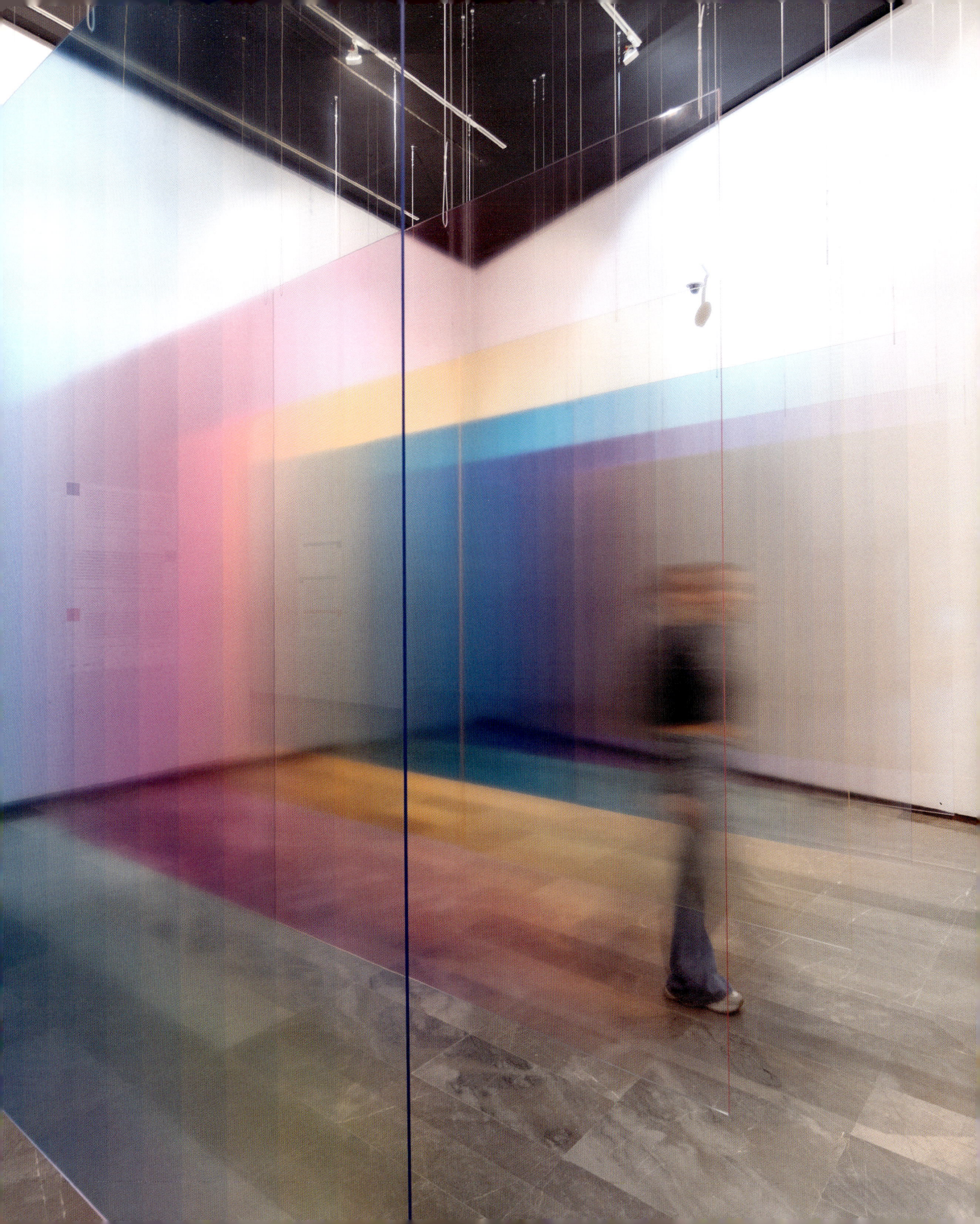

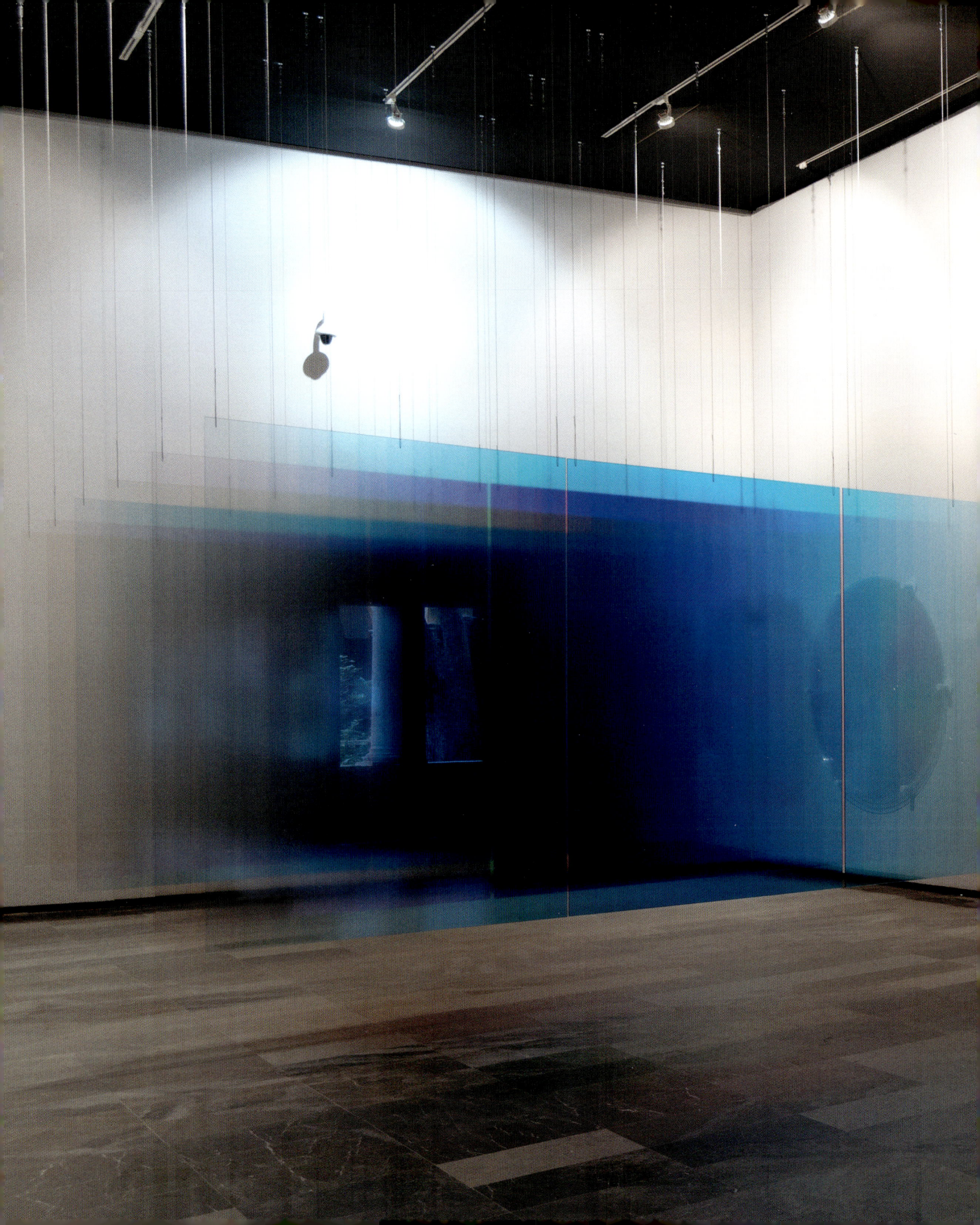

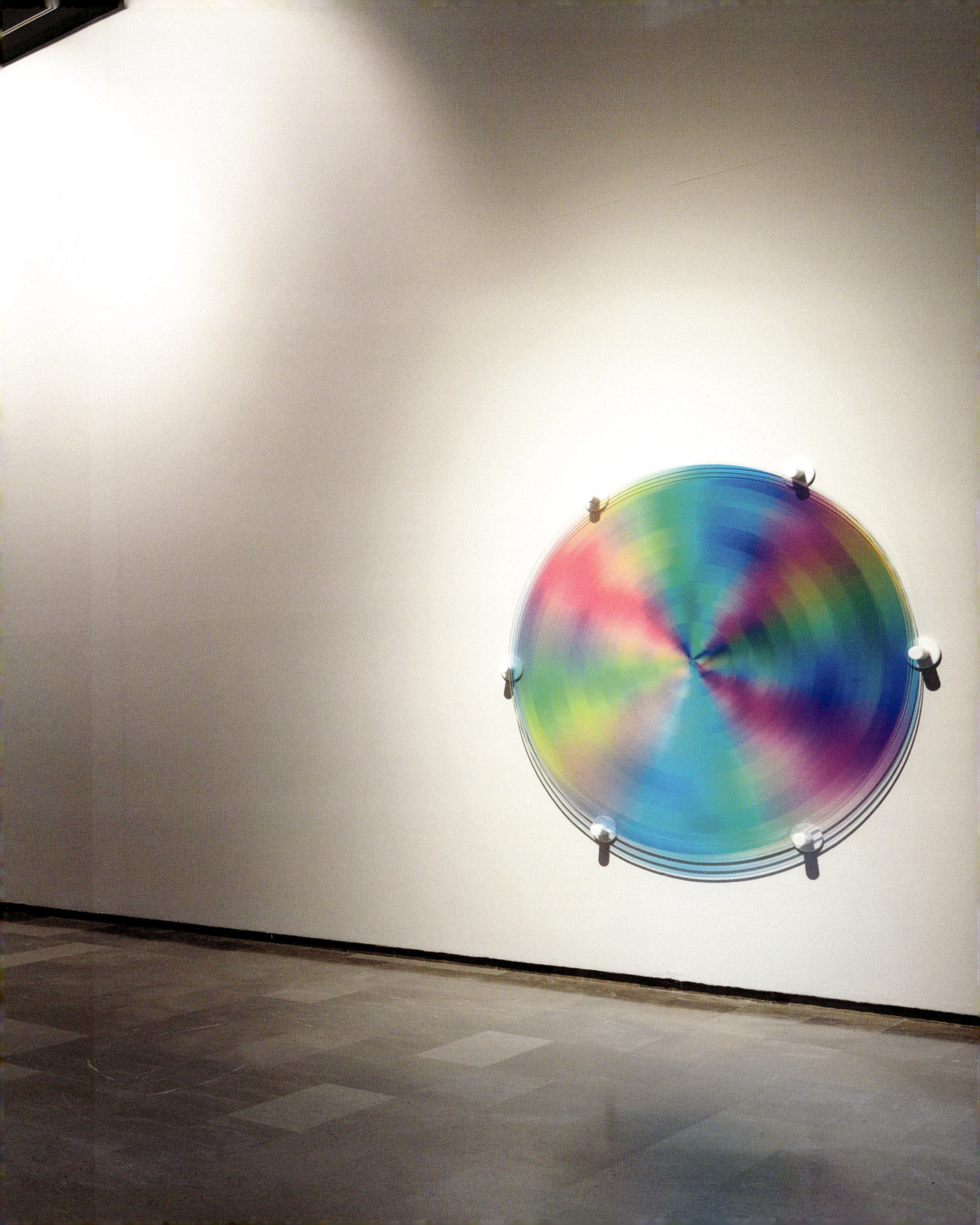

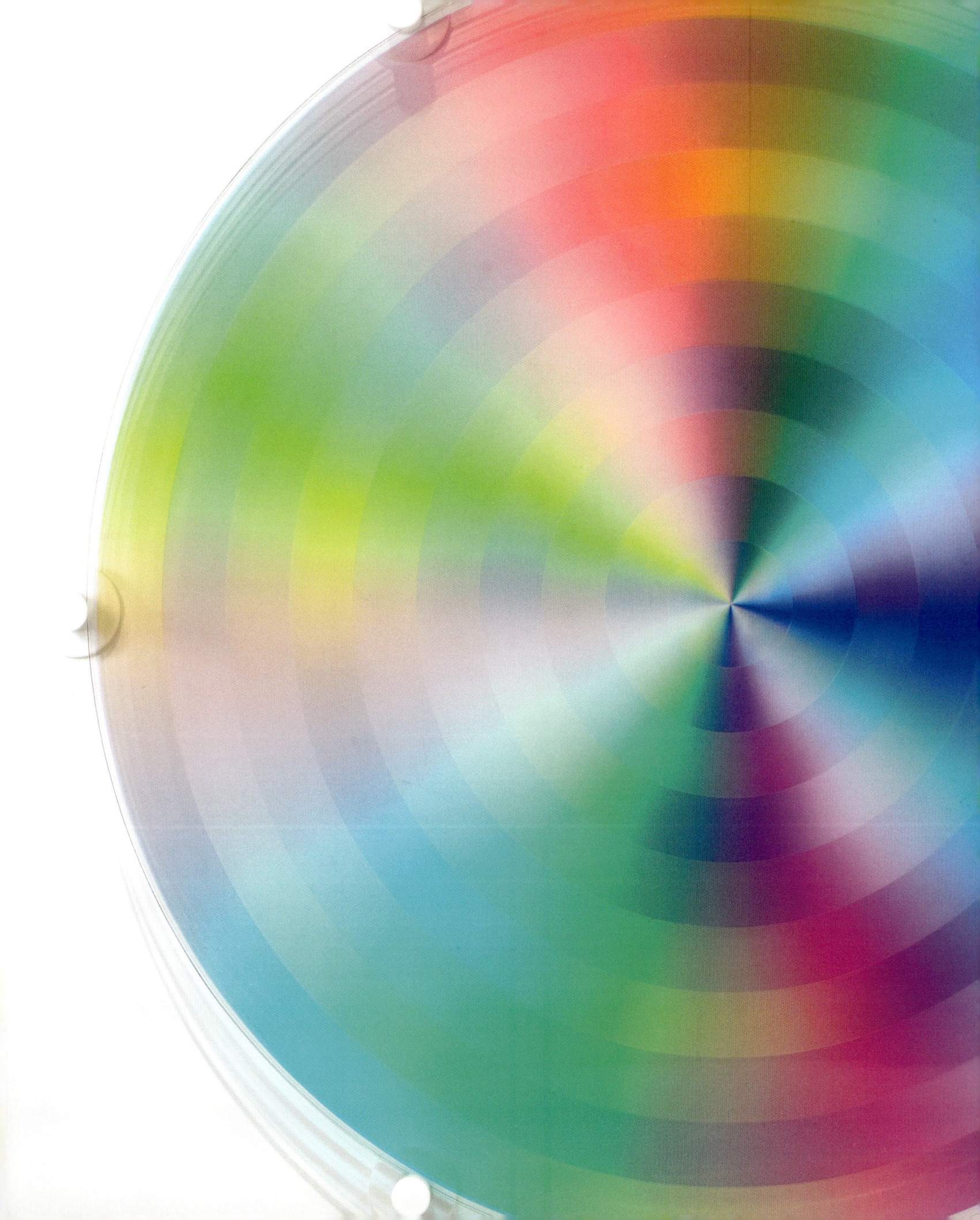

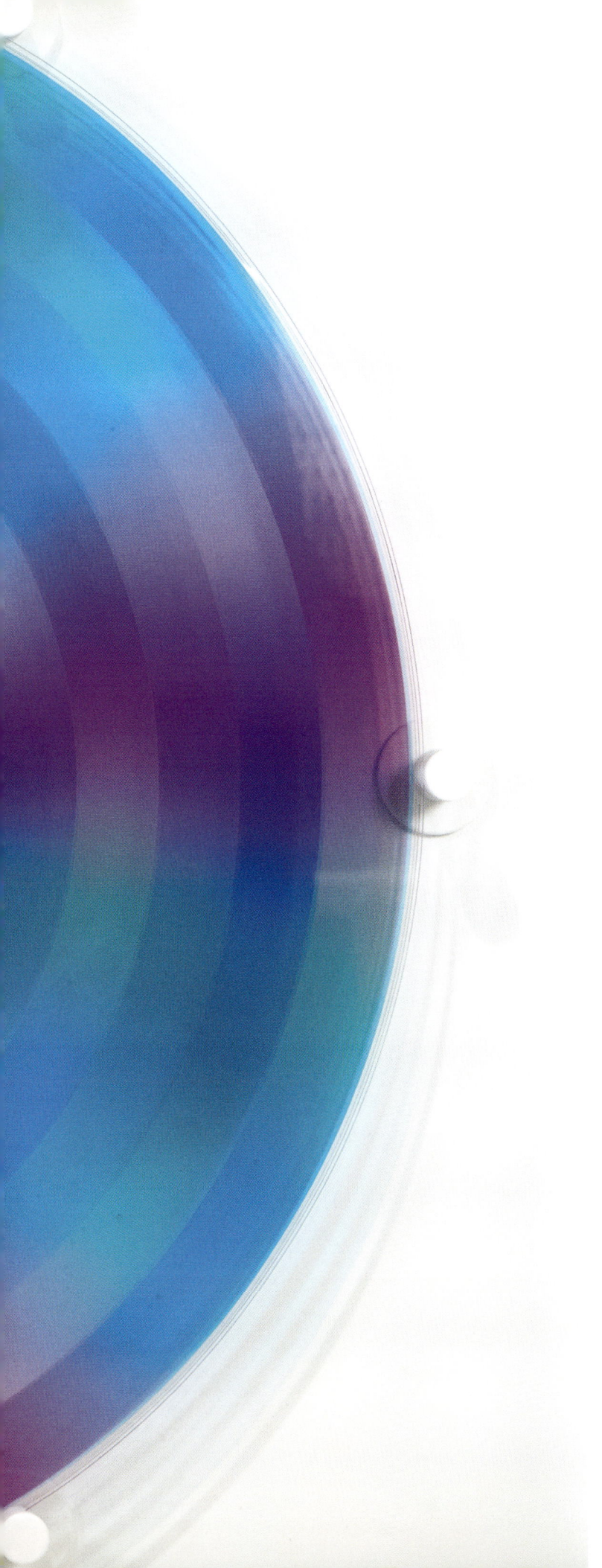

SUBTRACTIVE VARIABILITY CIRCULAR 34
2023
Pintura UV, laca UHS, PMMA, POM,
rodamientos de bolas y poleas
180 x 180 x 10 cm

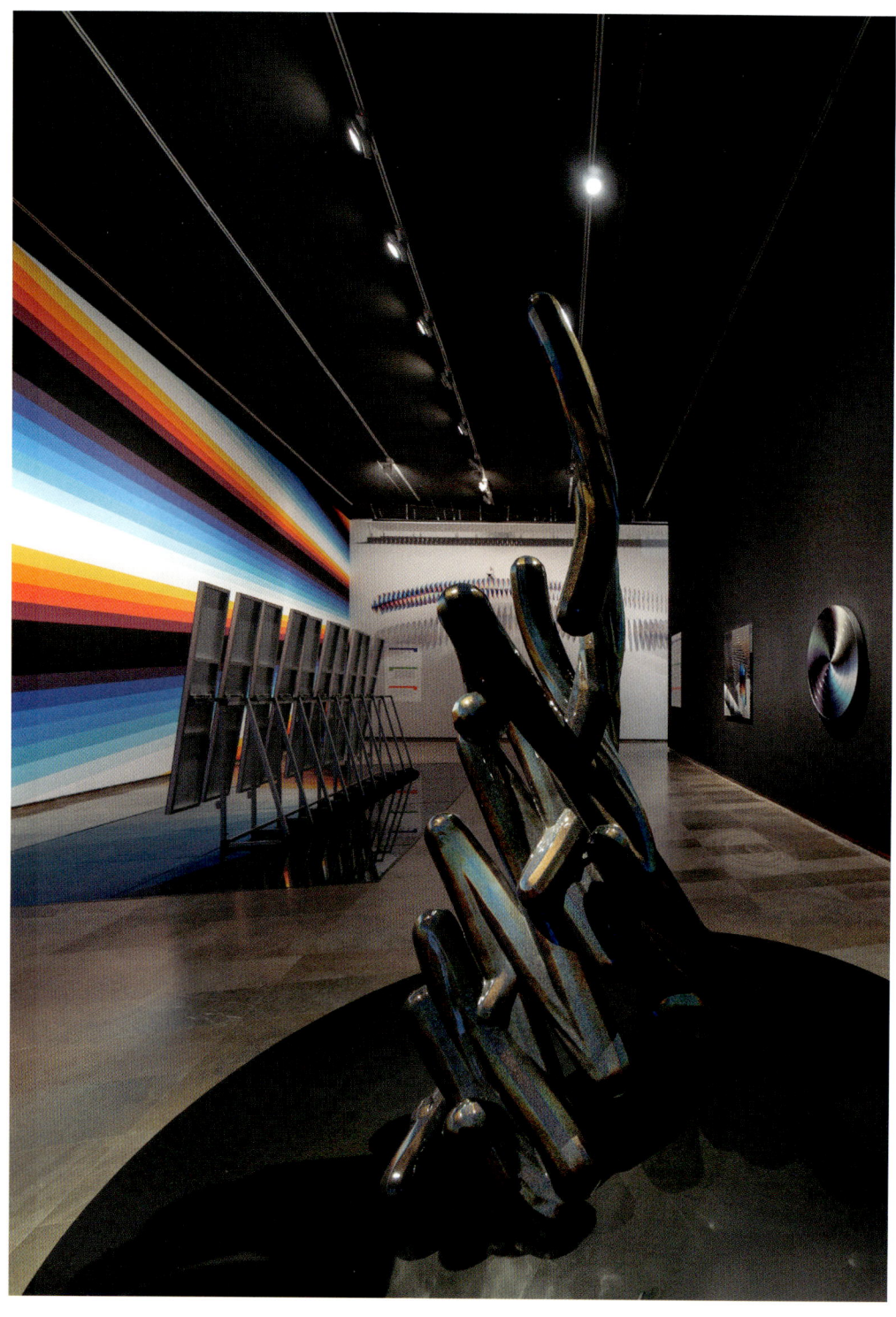

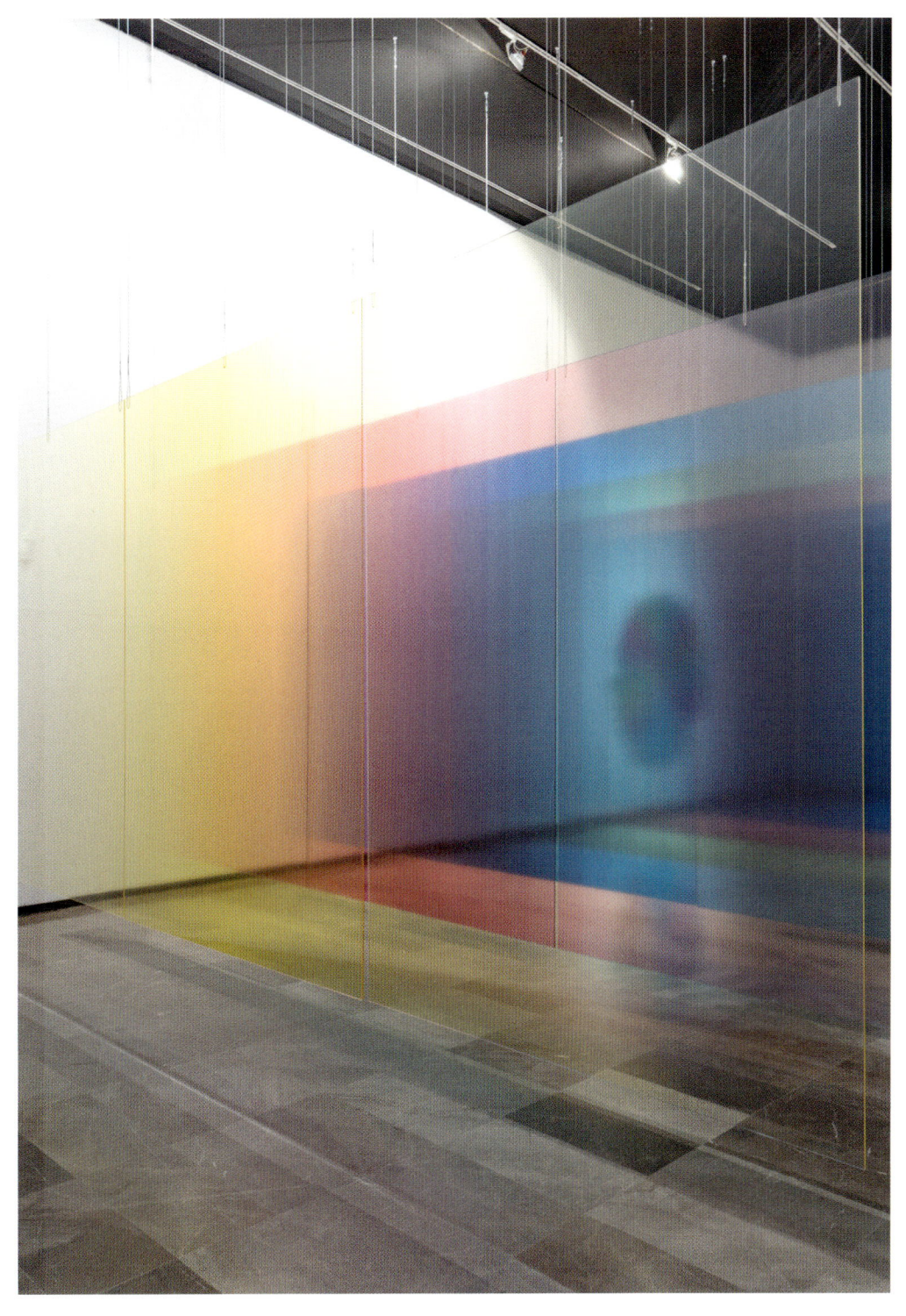

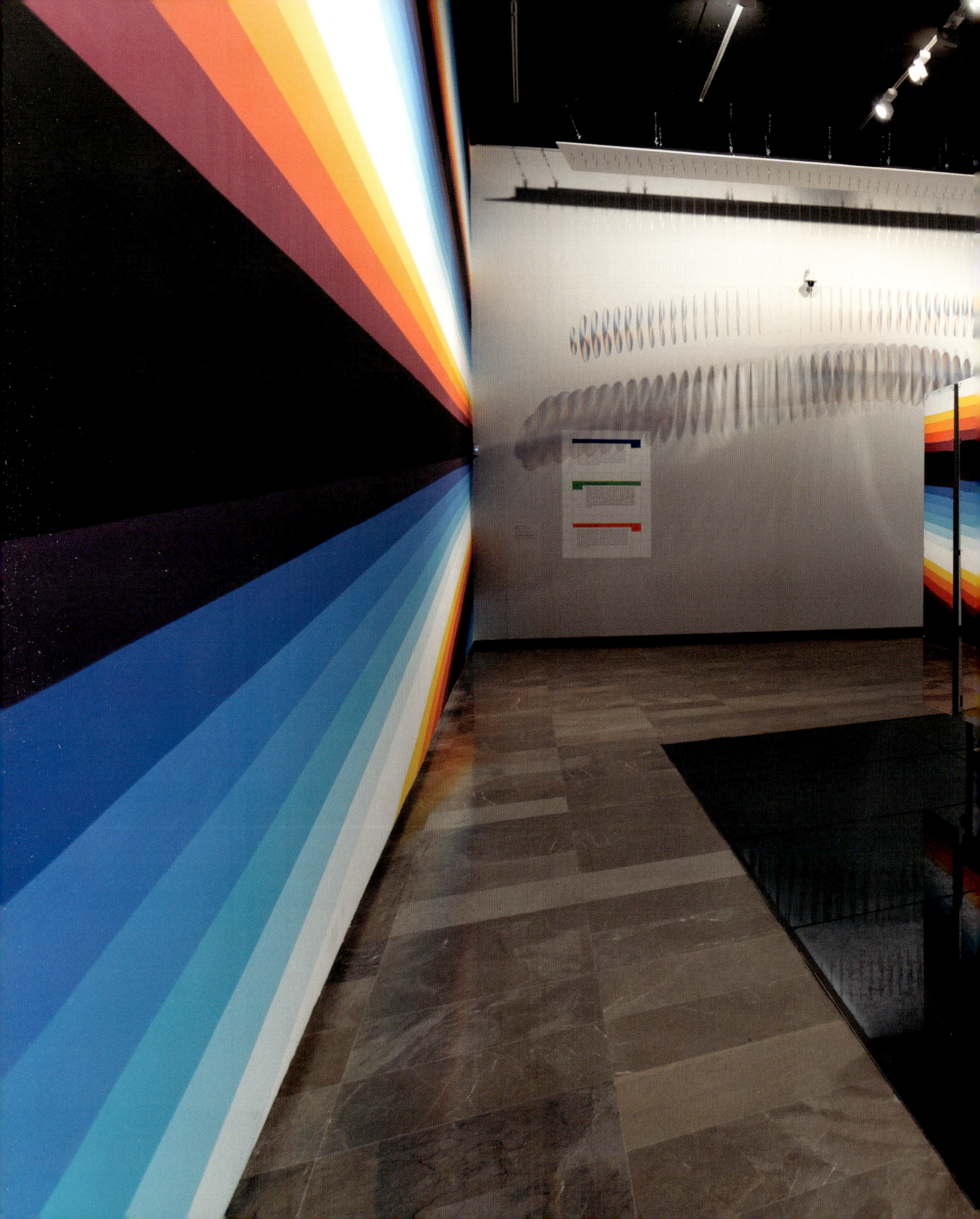

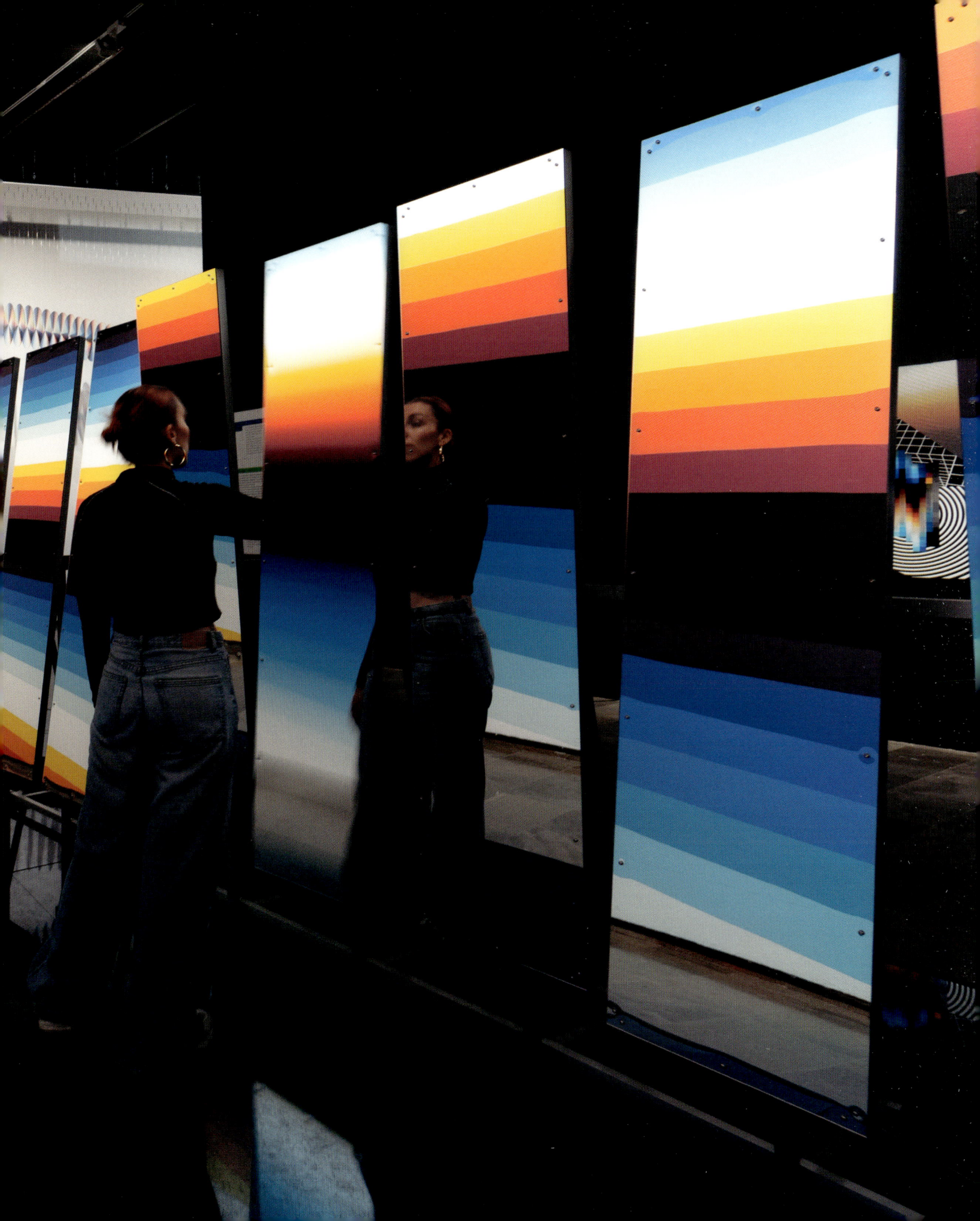

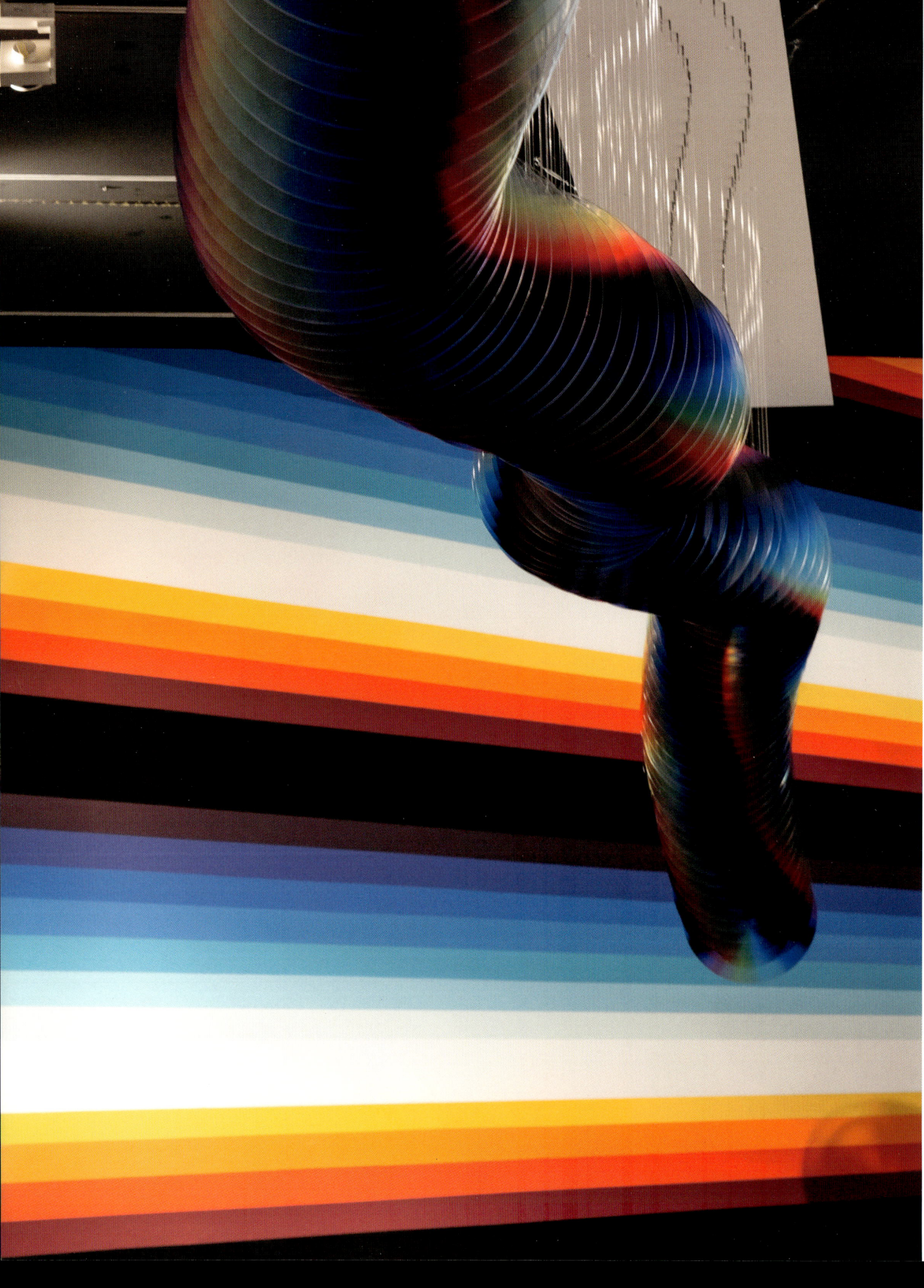

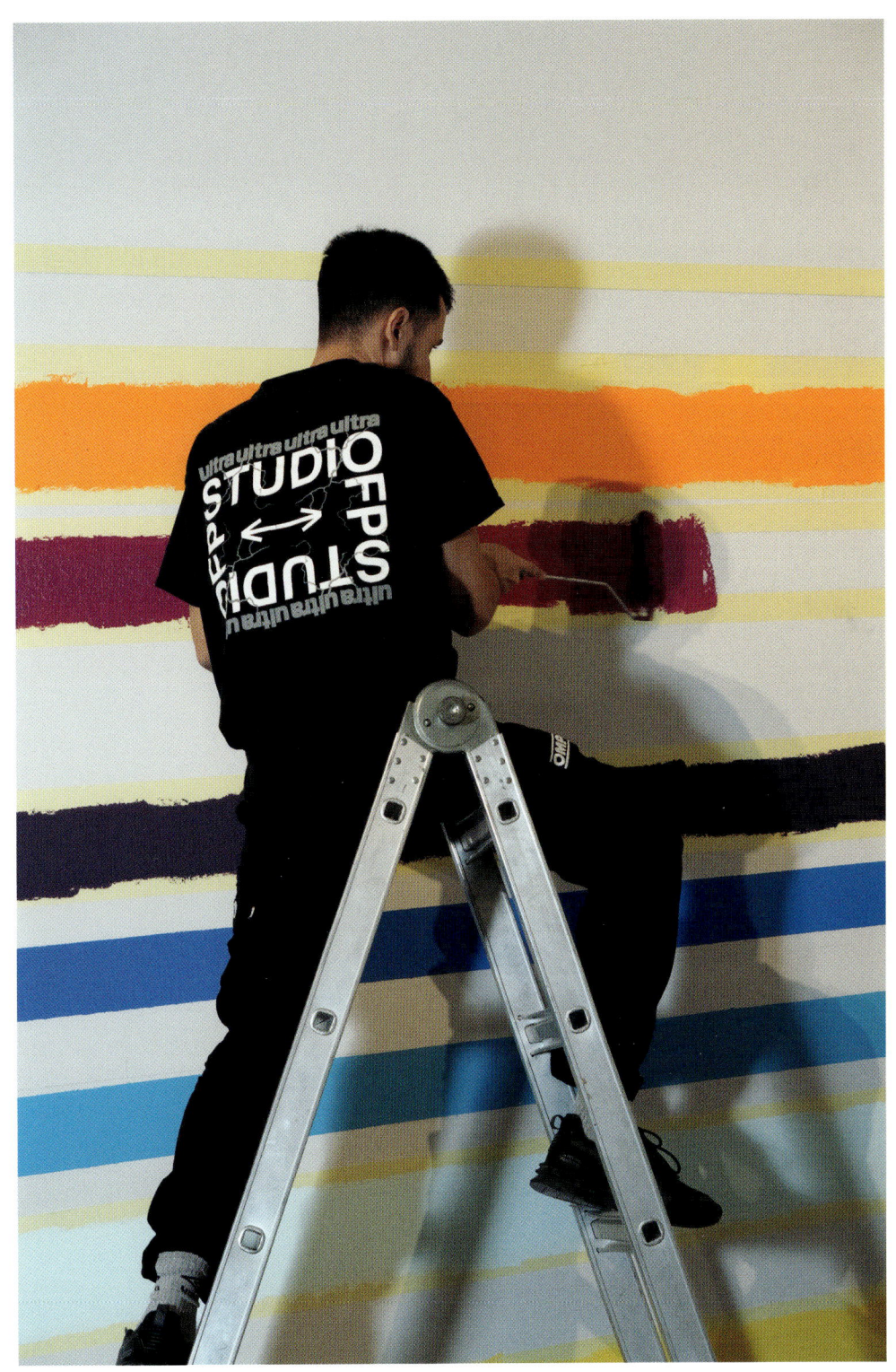

ULTRADYNAMIC RANGE

Light & Sound

Instalación Site-specific

Artista	Felipe Pantone
Diseño interactivo	Roz Merel
Sistema de sonido	Admire Audio

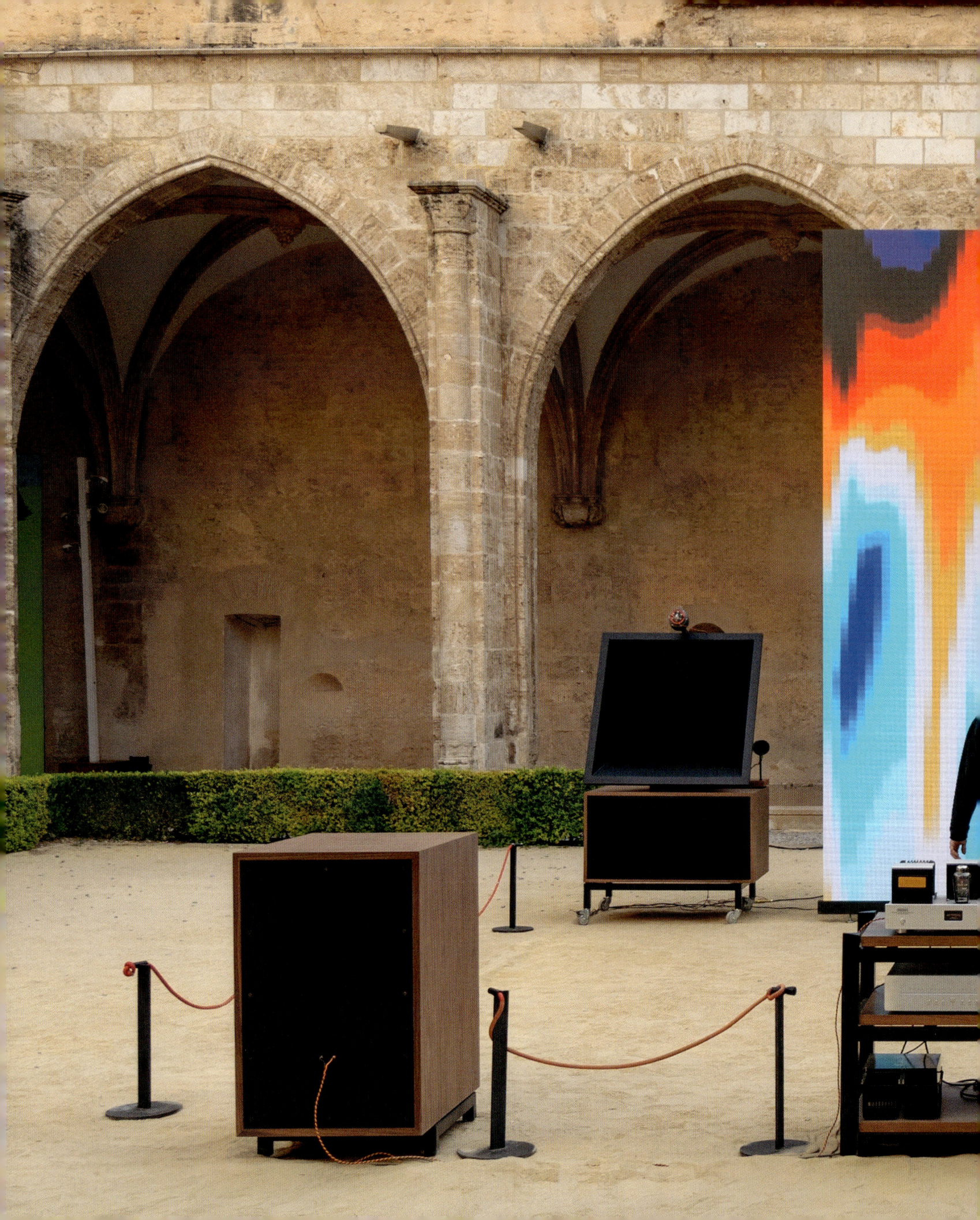

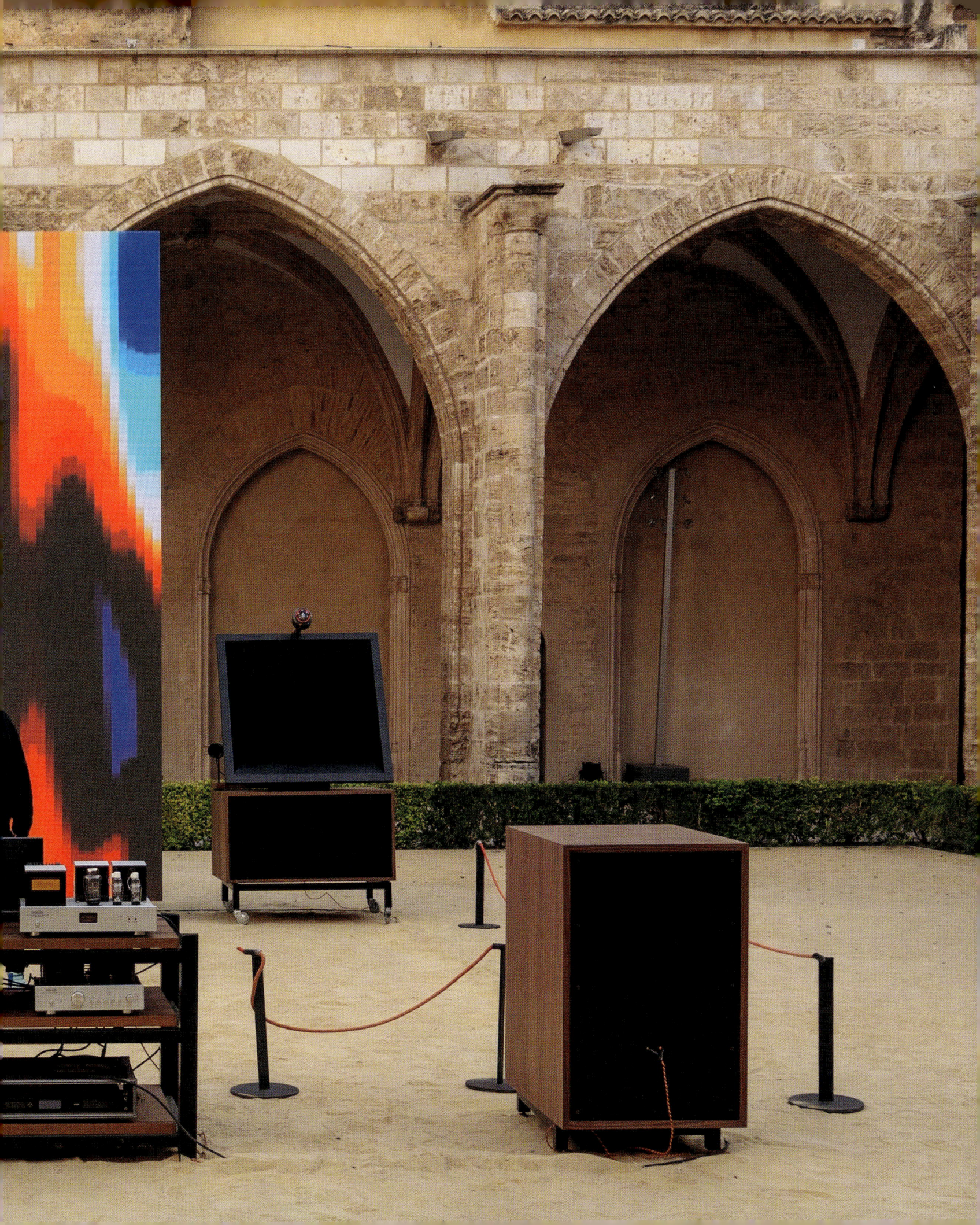

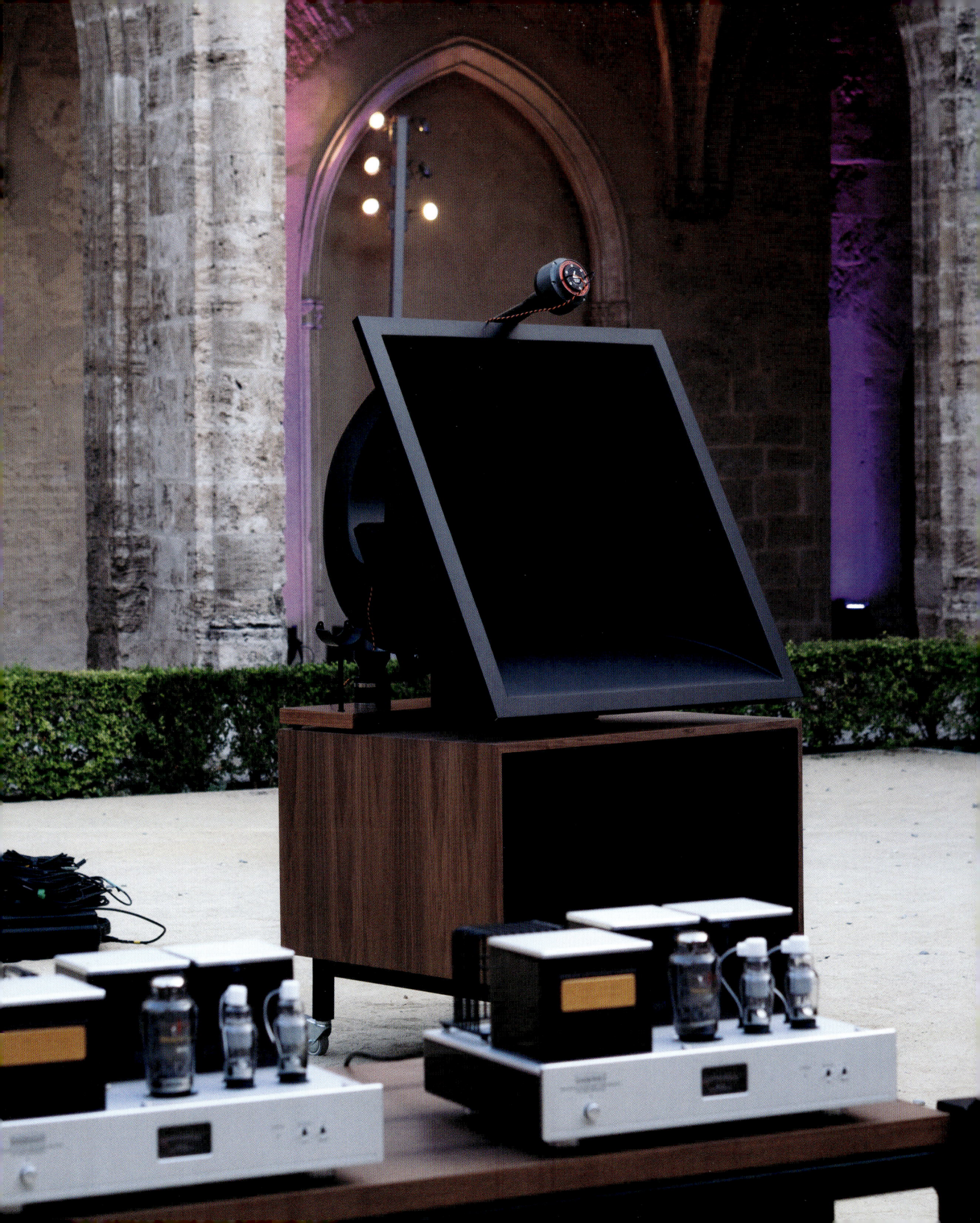

El 29 de novembre va tindre lloc en el claustre gòtic del Centre del Carme de Cultura Contemporània la instal·lació site-specific *"Rang Ultradinàmic (Llum i so)"*, un projecte de vídeo i so dinàmica creada per Felipe Pantone en col·laboració amb Rosendo Merel i Admire Audio.

La peça, que va formar part de l'exposició individual "Prospectiva", va estar composta per una cridanera pantalla de gran format i un sistema Hi-Fi d'alta eficiència, creant un espai sensorial que va transcendir els límits convencionals de la percepció. La interacció amb l'espectador no sols va desencadenar l'activació de diferents gràfics a través del moviment sinó que també va ser crucial per a manipular l'estabilitat lluminosa.

Segons els paràmetres d'ús del color, la instal·lació es va convertir en un llenç dinàmic on tons i matisos s'entrellaçaven en resposta directa a la participació del públic. Els gràfics generats per codi no sols van explorar la gamma cromàtica en la seua màxima expressió sinó que també van jugar amb contrastos i combinacions per a evocar emocions i percepcions úniques.

La transformació de l'estabilitat lluminosa, impulsada pel moviment de l'espectador, no sols es va basar en la singularitat estètica sinó també en alteracions cromàtiques aplicades audaçment. Els tons alts i baixos acuradament seleccionats no sols van contribuir a l'experiència auditiva sinó que també es van convertir en elements que van influir en la modulació cromàtica, creant una sinergia única entre llum, so i color.

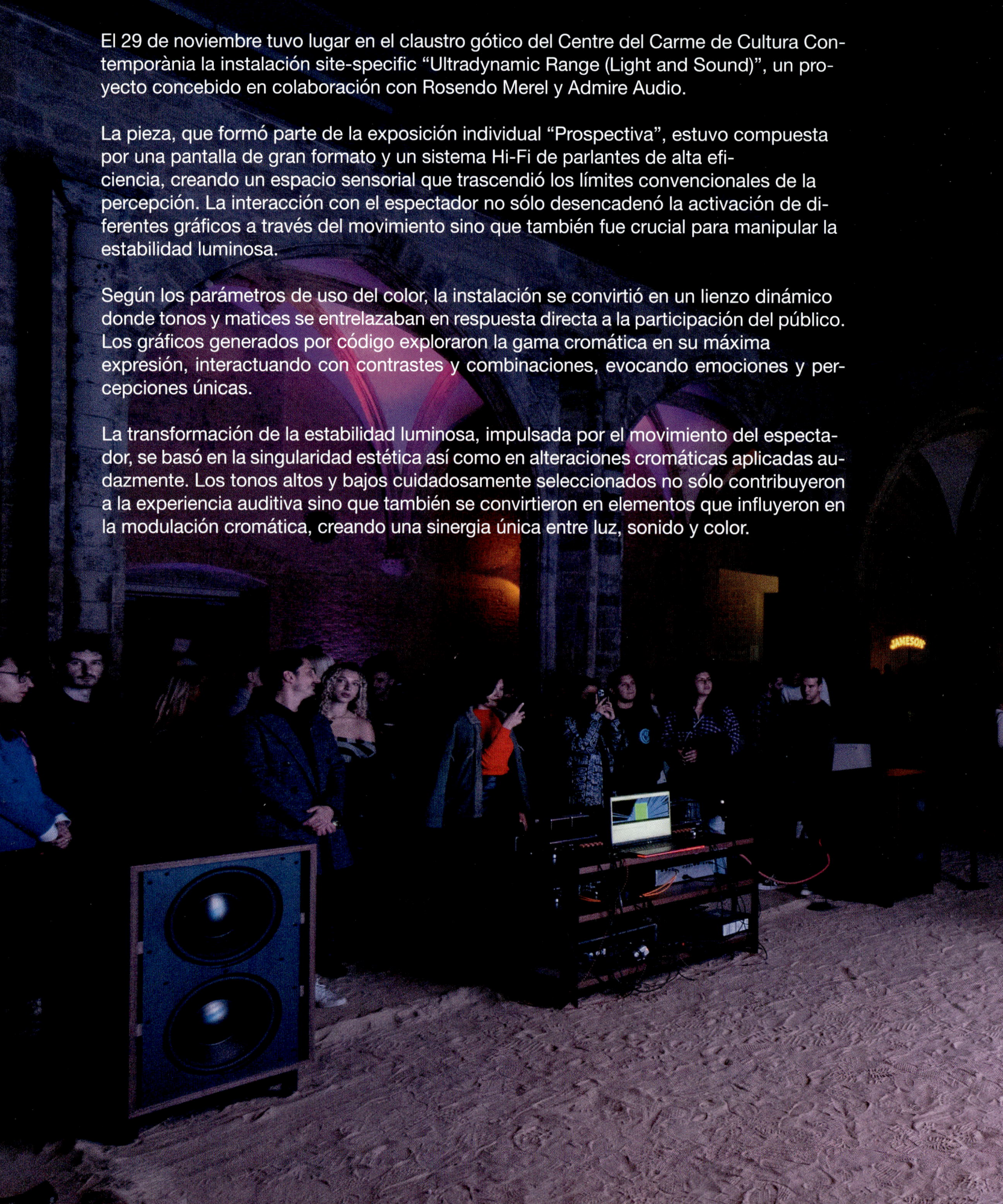

El 29 de noviembre tuvo lugar en el claustro gótico del Centre del Carme de Cultura Con-temporània la instalación site-specific "Ultradynamic Range (Light and Sound)", un pro-yecto concebido en colaboración con Rosendo Merel y Admire Audio.

La pieza, que formó parte de la exposición individual "Prospectiva", estuvo compuesta por una pantalla de gran formato y un sistema Hi-Fi de parlantes de alta efi-ciencia, creando un espacio sensorial que trascendió los límites convencionales de la percepción. La interacción con el espectador no sólo desencadenó la activación de di-ferentes gráficos a través del movimiento sino que también fue crucial para manipular la estabilidad luminosa.

Según los parámetros de uso del color, la instalación se convirtió en un lienzo dinámico donde tonos y matices se entrelazaban en respuesta directa a la participación del público. Los gráficos generados por código exploraron la gama cromática en su máxima expresión, interactuando con contrastes y combinaciones, evocando emociones y per-cepciones únicas.

La transformación de la estabilidad luminosa, impulsada por el movimiento del especta-dor, se basó en la singularidad estética así como en alteraciones cromáticas aplicadas au-dazmente. Los tonos altos y bajos cuidadosamente seleccionados no sólo contribuyeron a la experiencia auditiva sino que también se convirtieron en elementos que influyeron en la modulación cromática, creando una sinergia única entre luz, sonido y color.

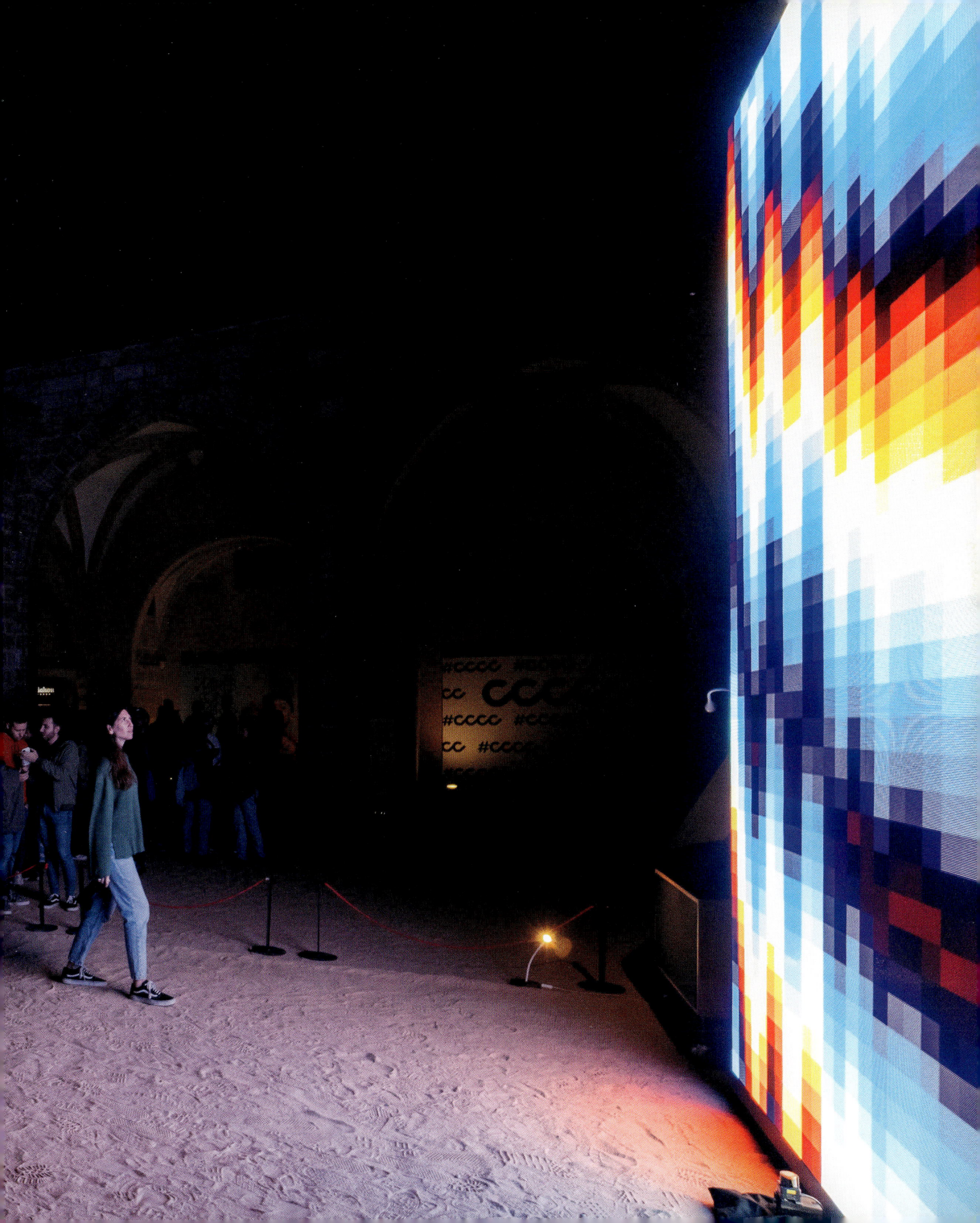

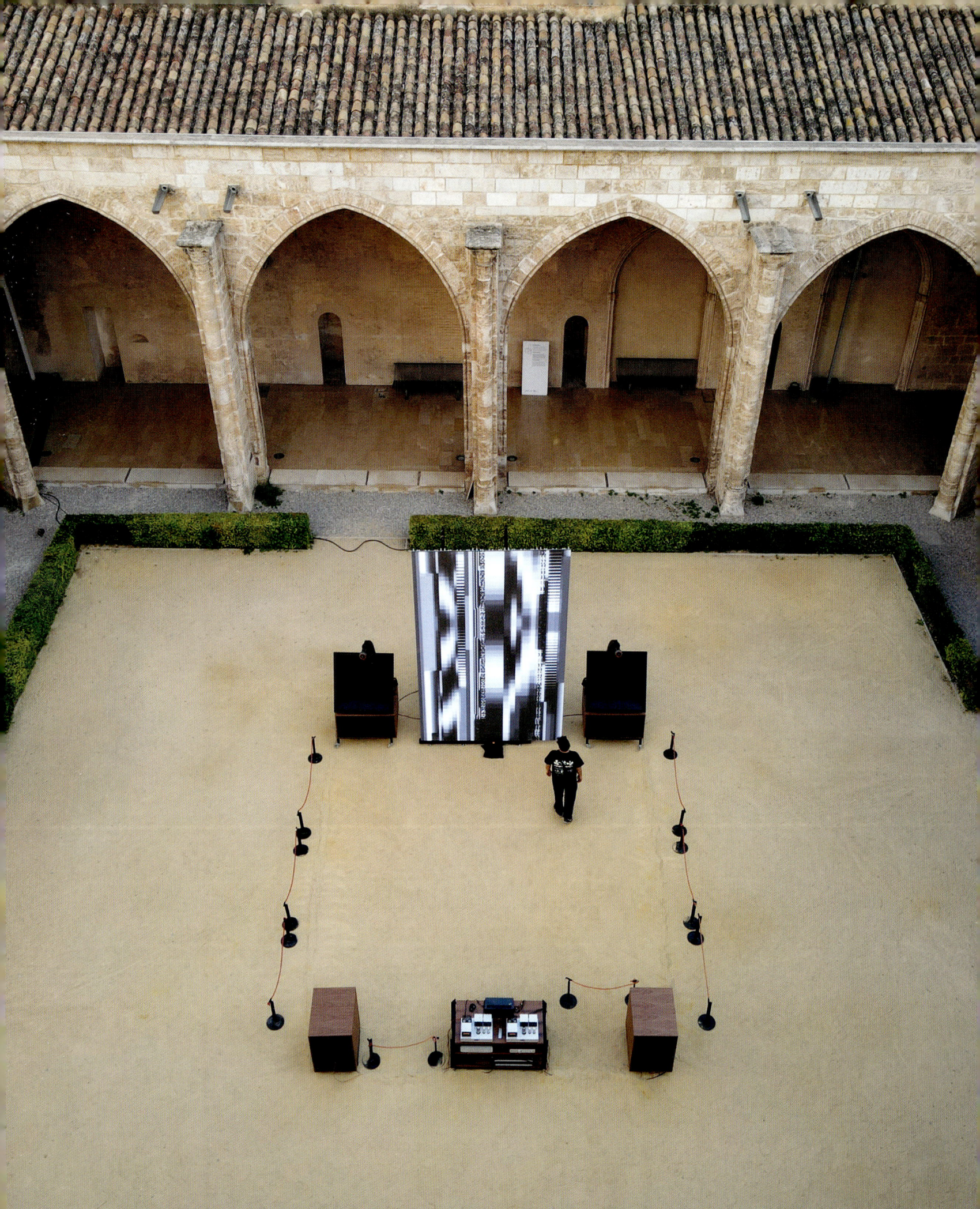

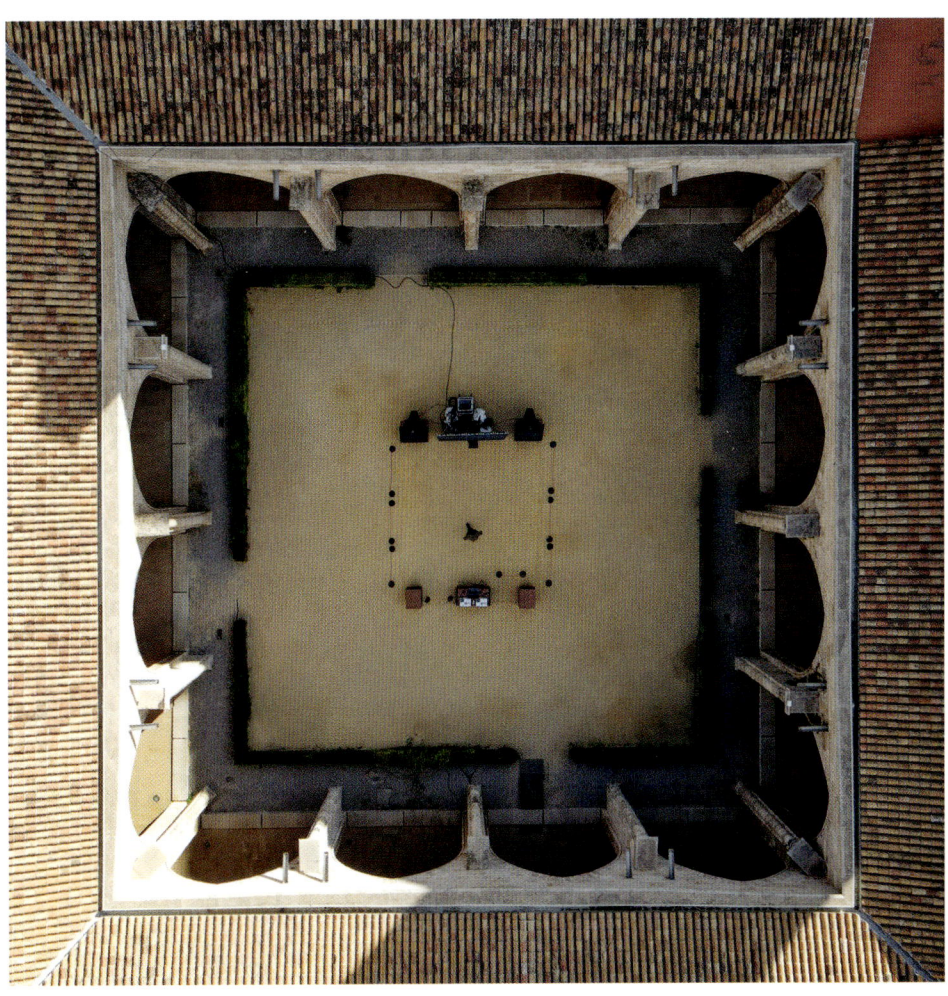

On November 29th, the site-specific installation "Ultradynamic Range (Light and Sound)" a project conceived in collaboration with Rosendo Merel and Admire Audio took place in the Gothic cloister of the Centre del Carme de Cultura Contemporània.

The piece, which was part of the solo exhibition "Prospective," consisted of a large-format screen and Hi-Fi of high-efficiency speakers, creating a sensory space that transcended the conventional limits of perception. The interaction with the viewer not only triggered the activation of different graphics through movement but was also crucial for manipulating luminous stability.

By color usage parameters, the installation became a dynamic canvas where tones and nuances interweaved in direct response to audience participation. The graphics generated by code explored the chromatic range to its fullest expression interacting with contrasts and combinations, evoking unique emotions and perceptions.

The transformation of luminous stability, driven by the viewer's movement, was based on aesthetic singularity, grounded in boldly applied chromatic alterations. Carefully selected high and low tones not only contributed to the auditory experience but also became elements influencing chromatic modulation, creating a unique synergy between light, sound, and color.

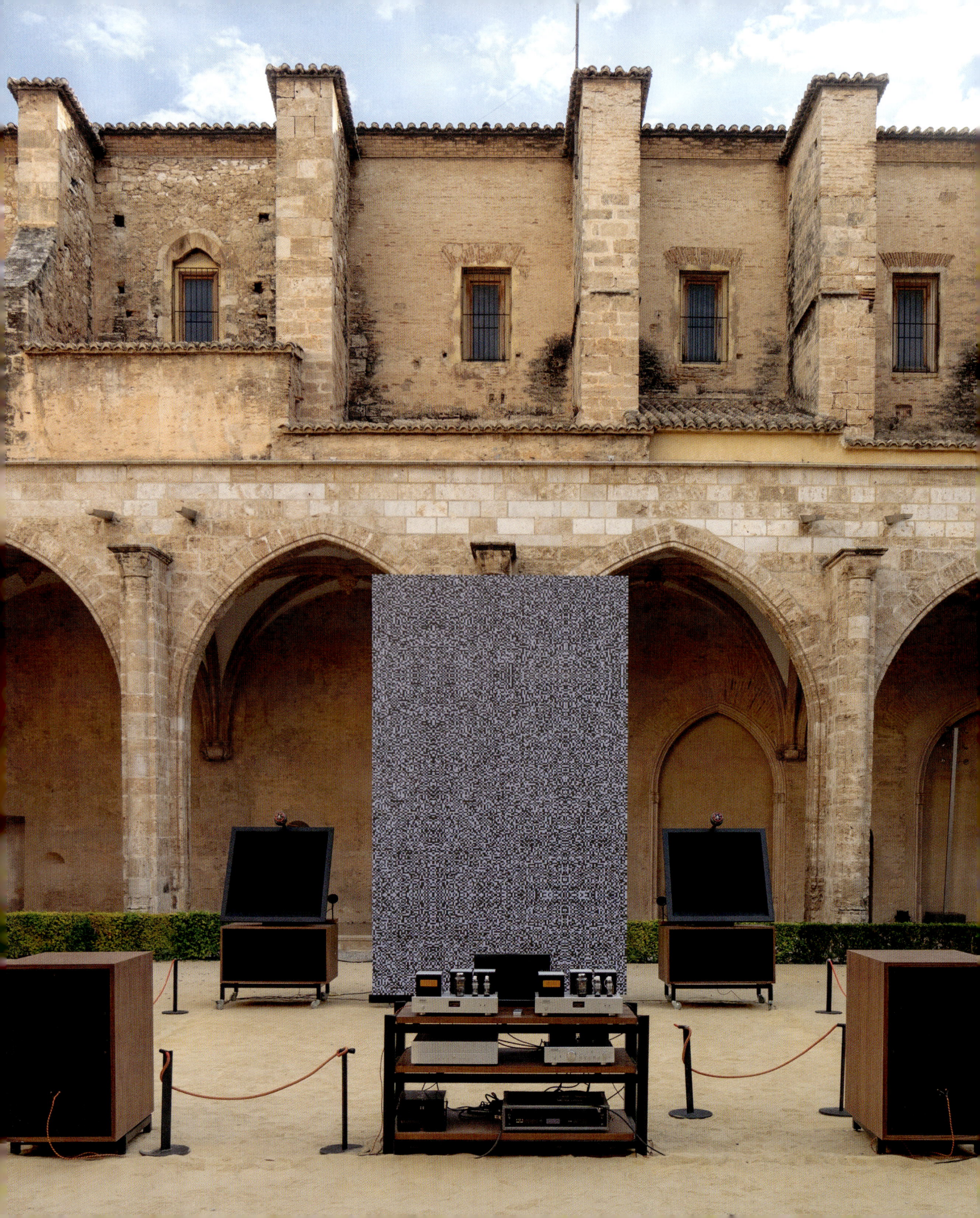

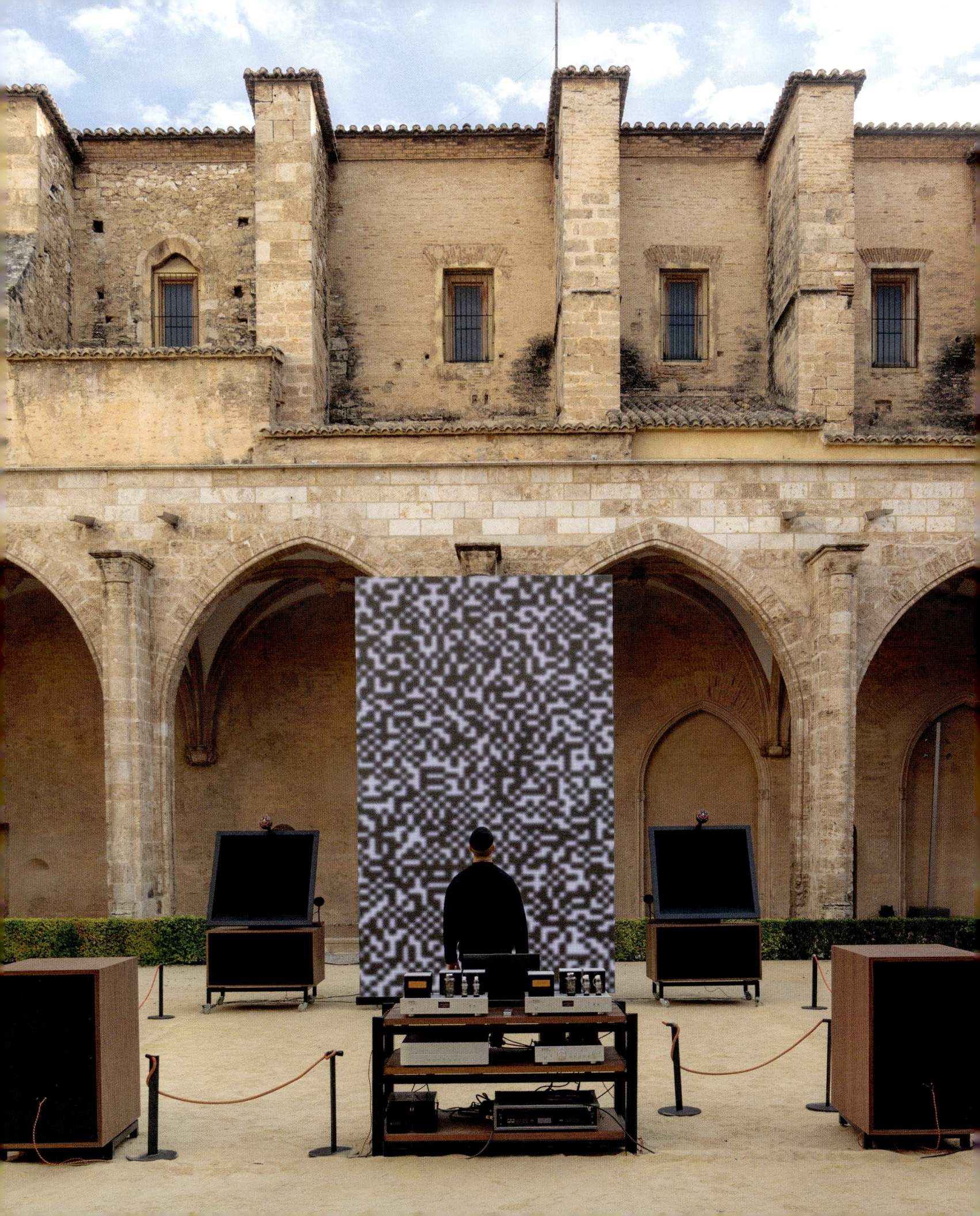

Abril 29 - Oct. 1 2023

Kunsthal Rotterdam,
Países Bajos

Curator:
Charlotte Martens

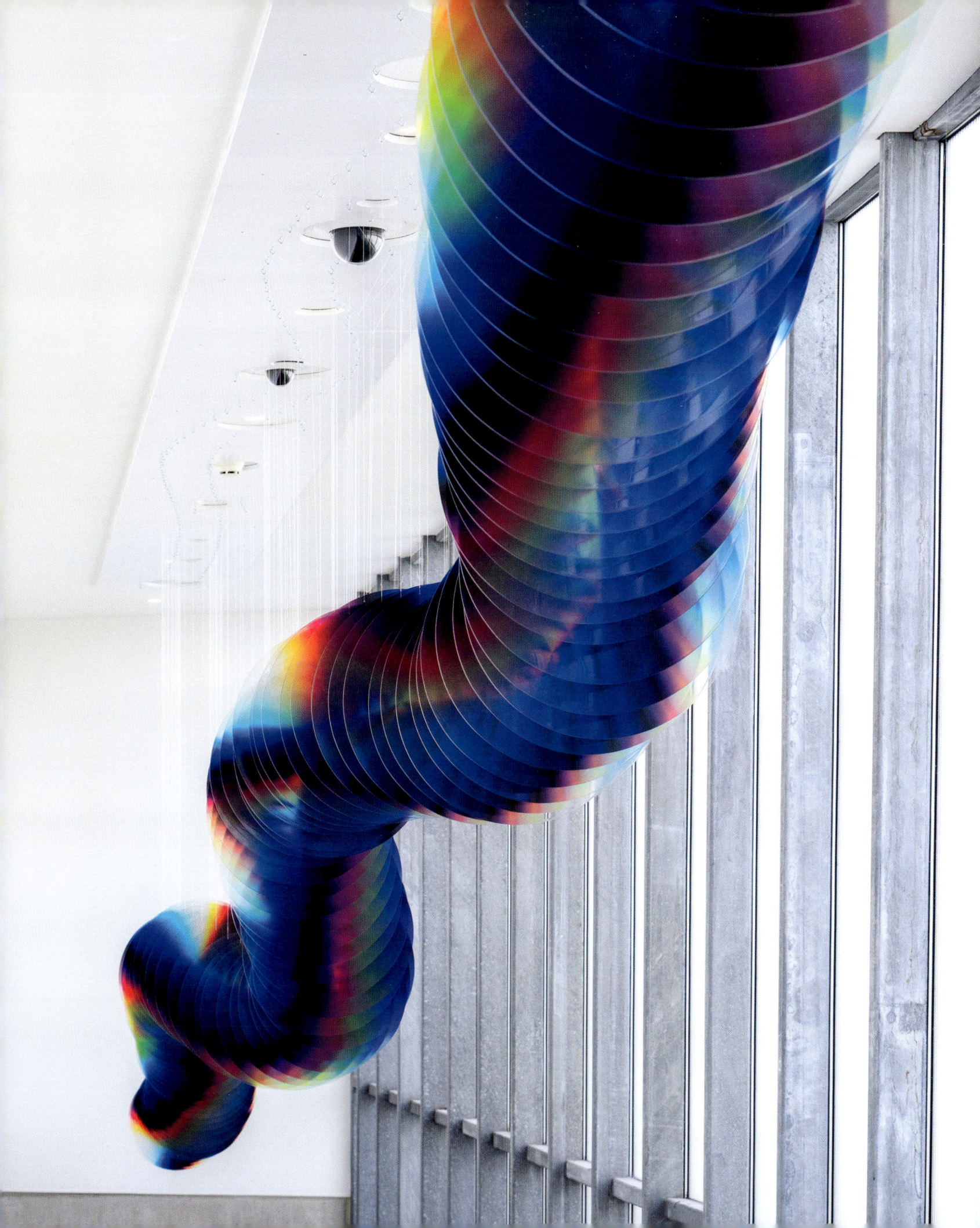

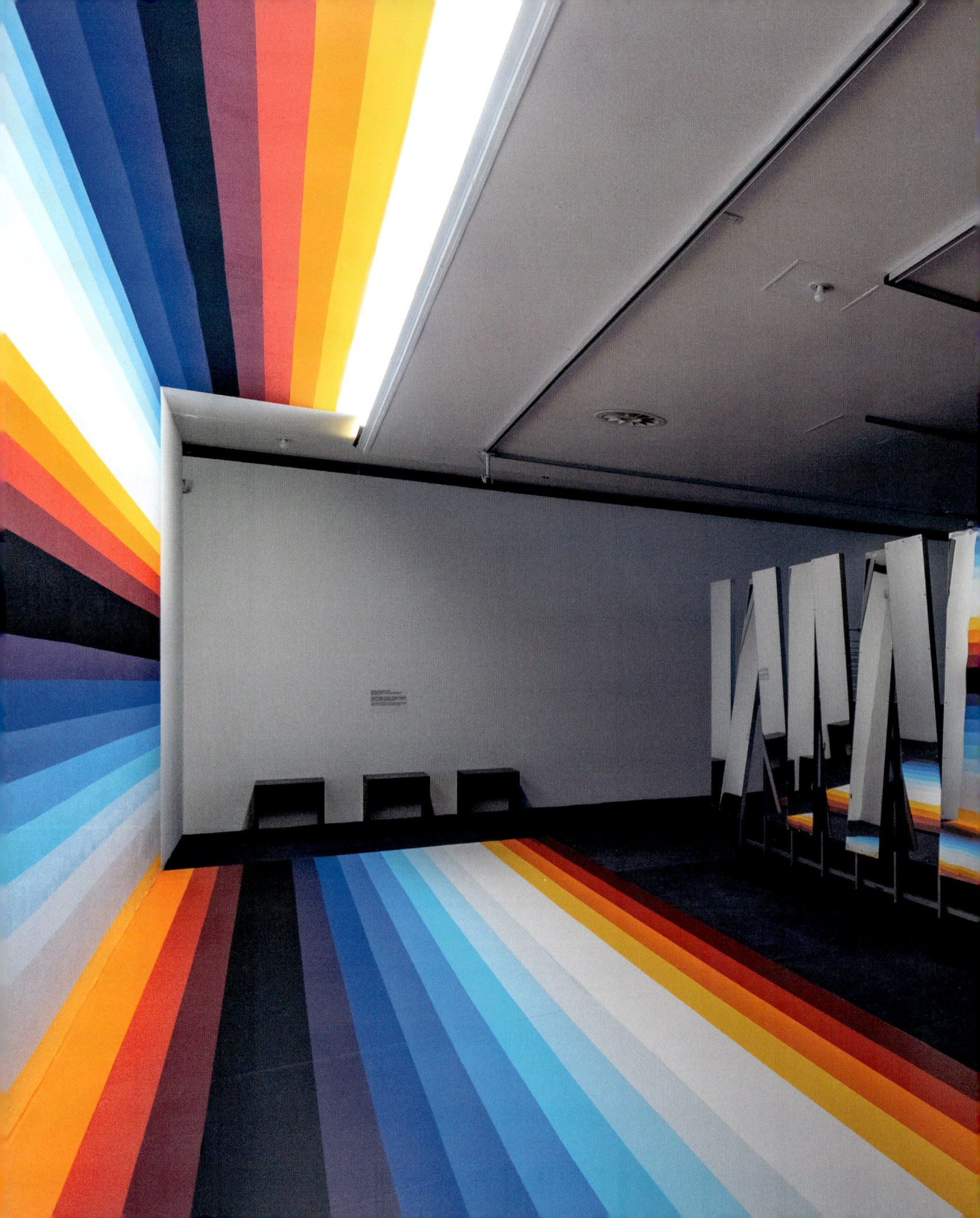

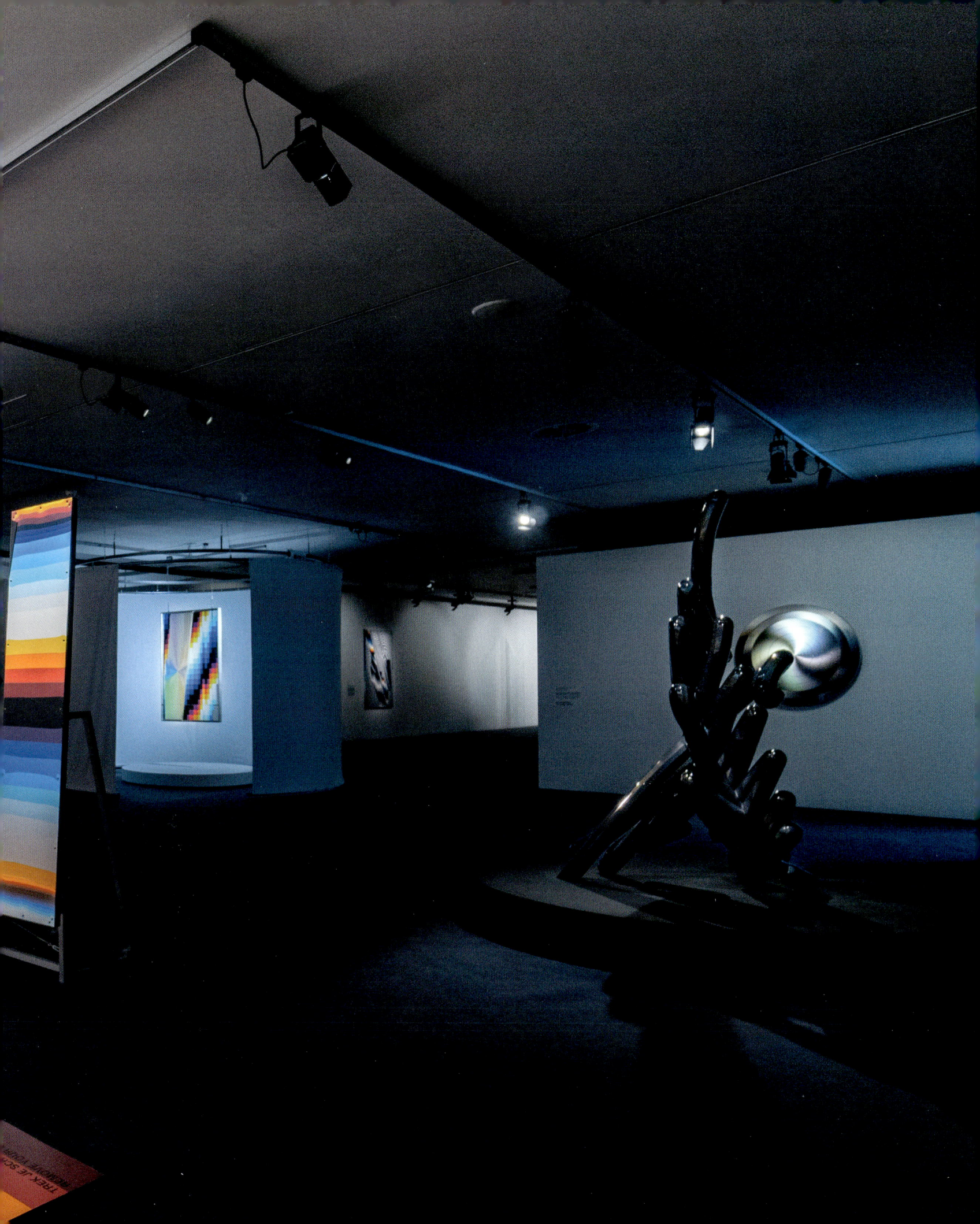

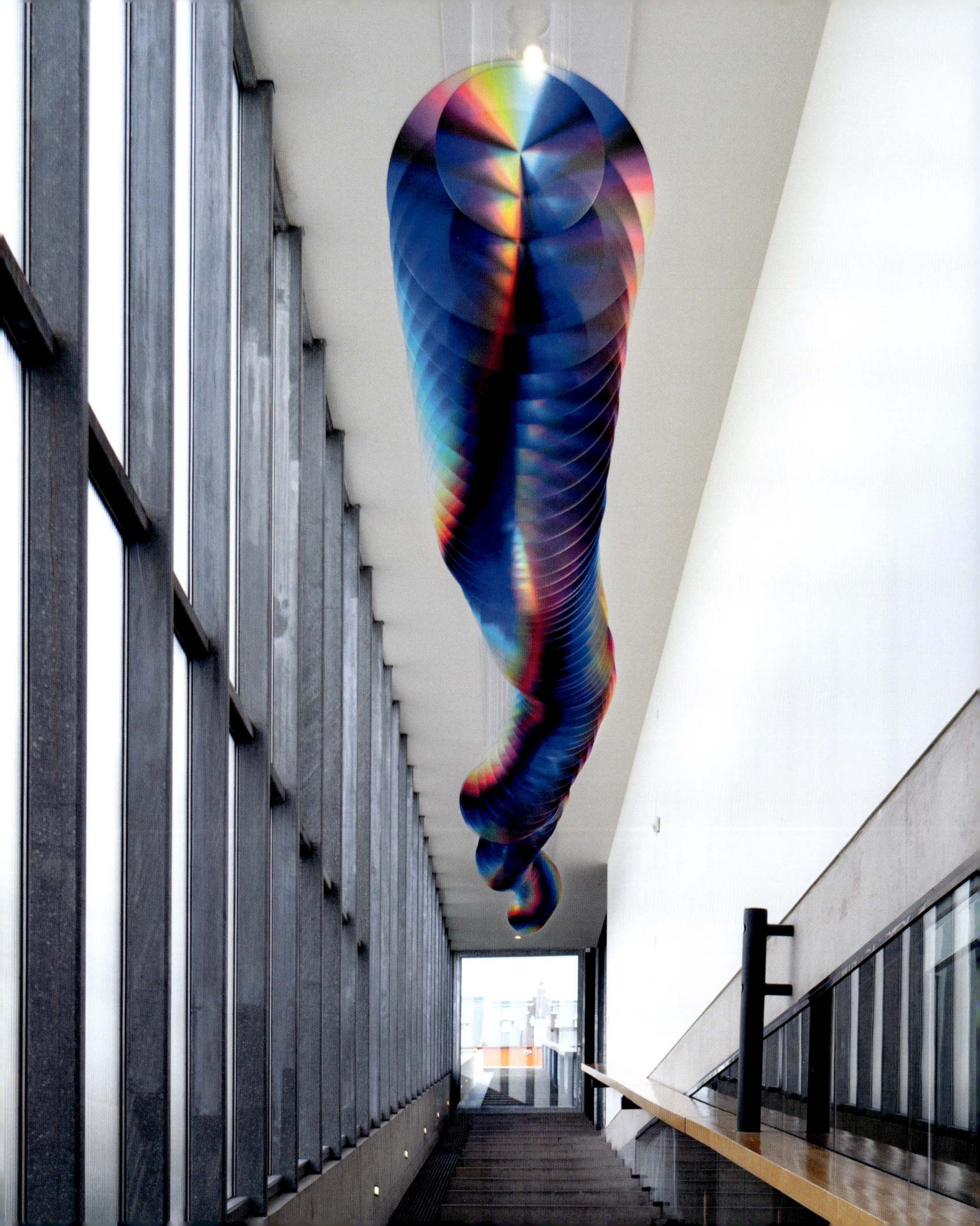

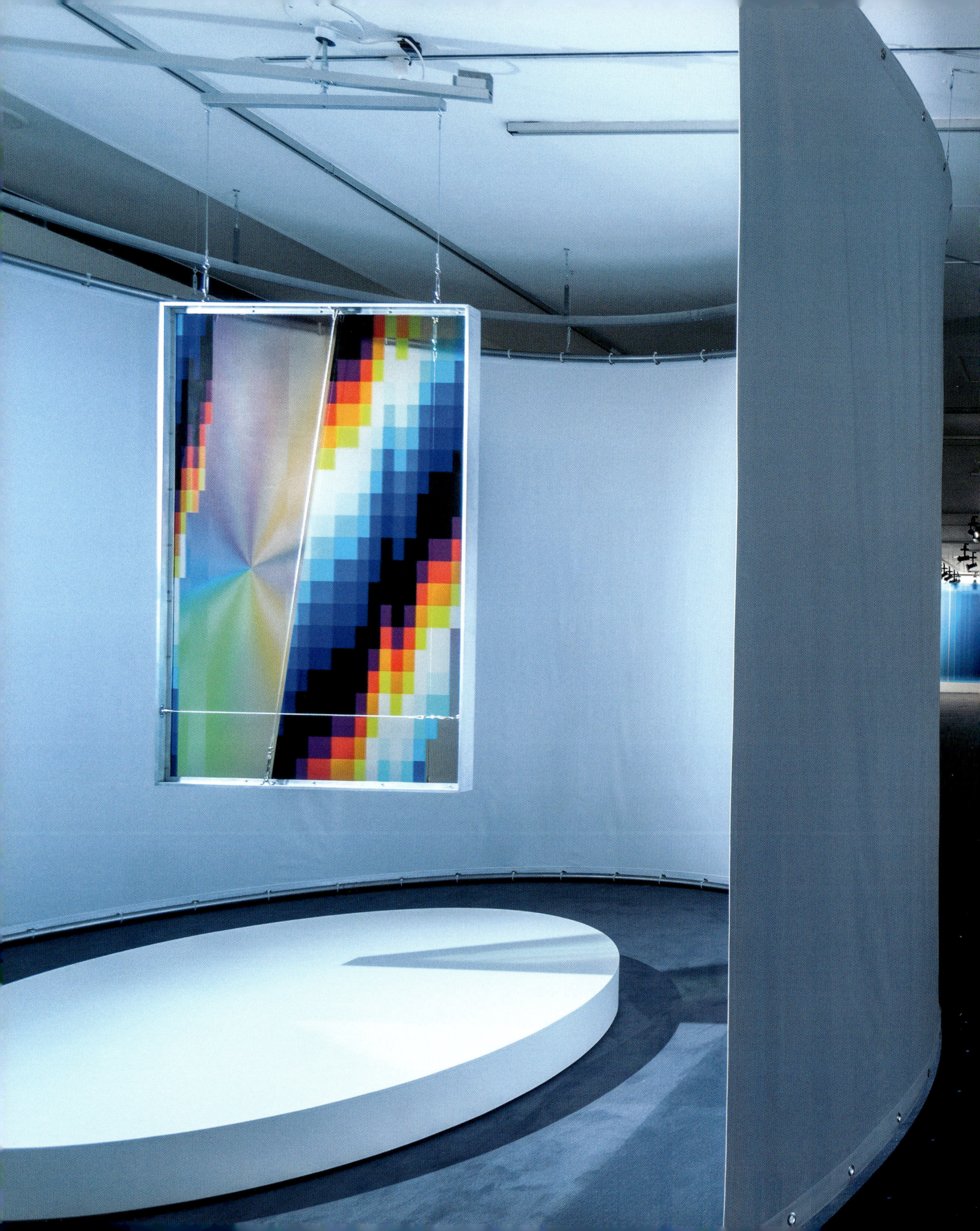

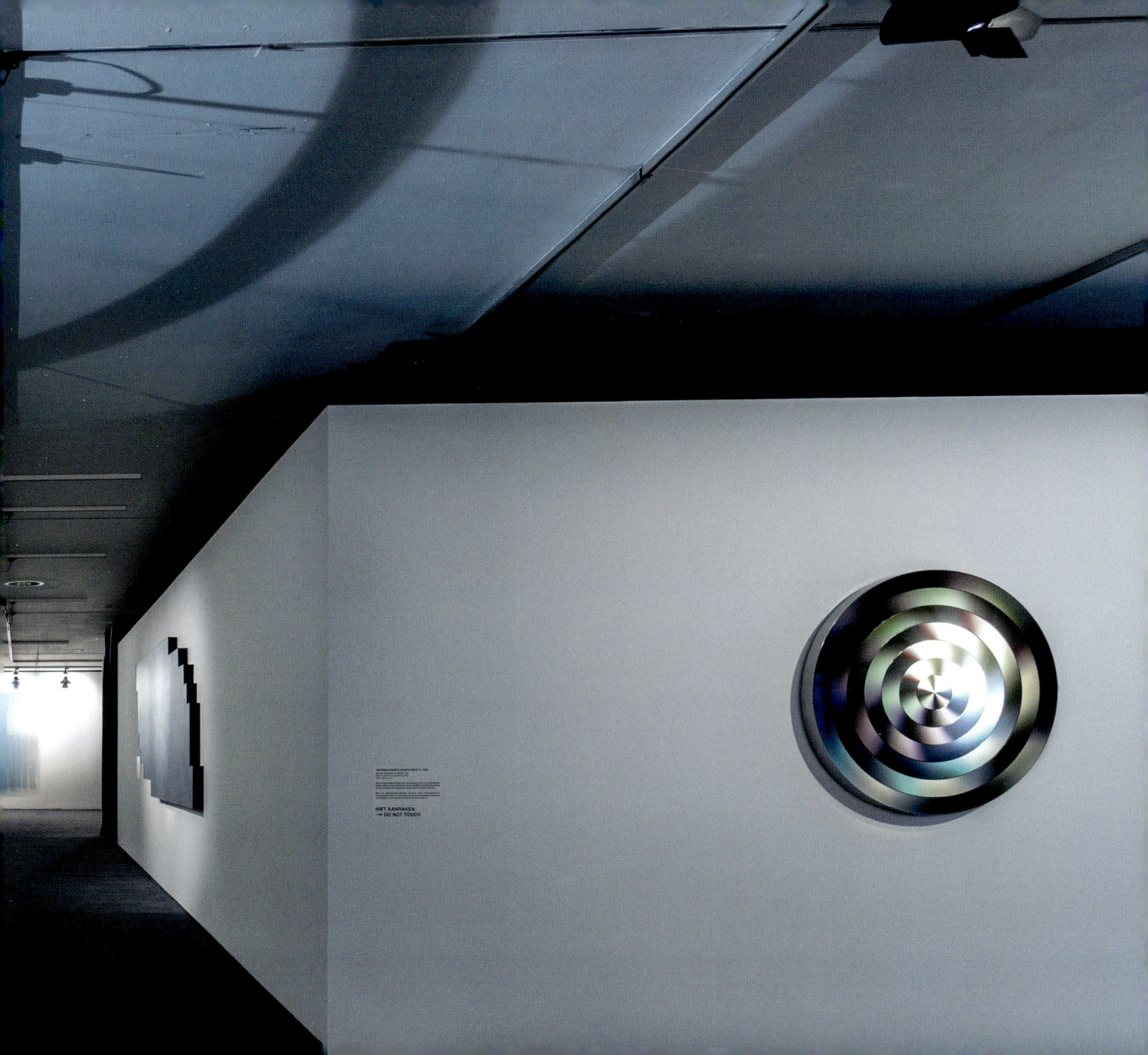

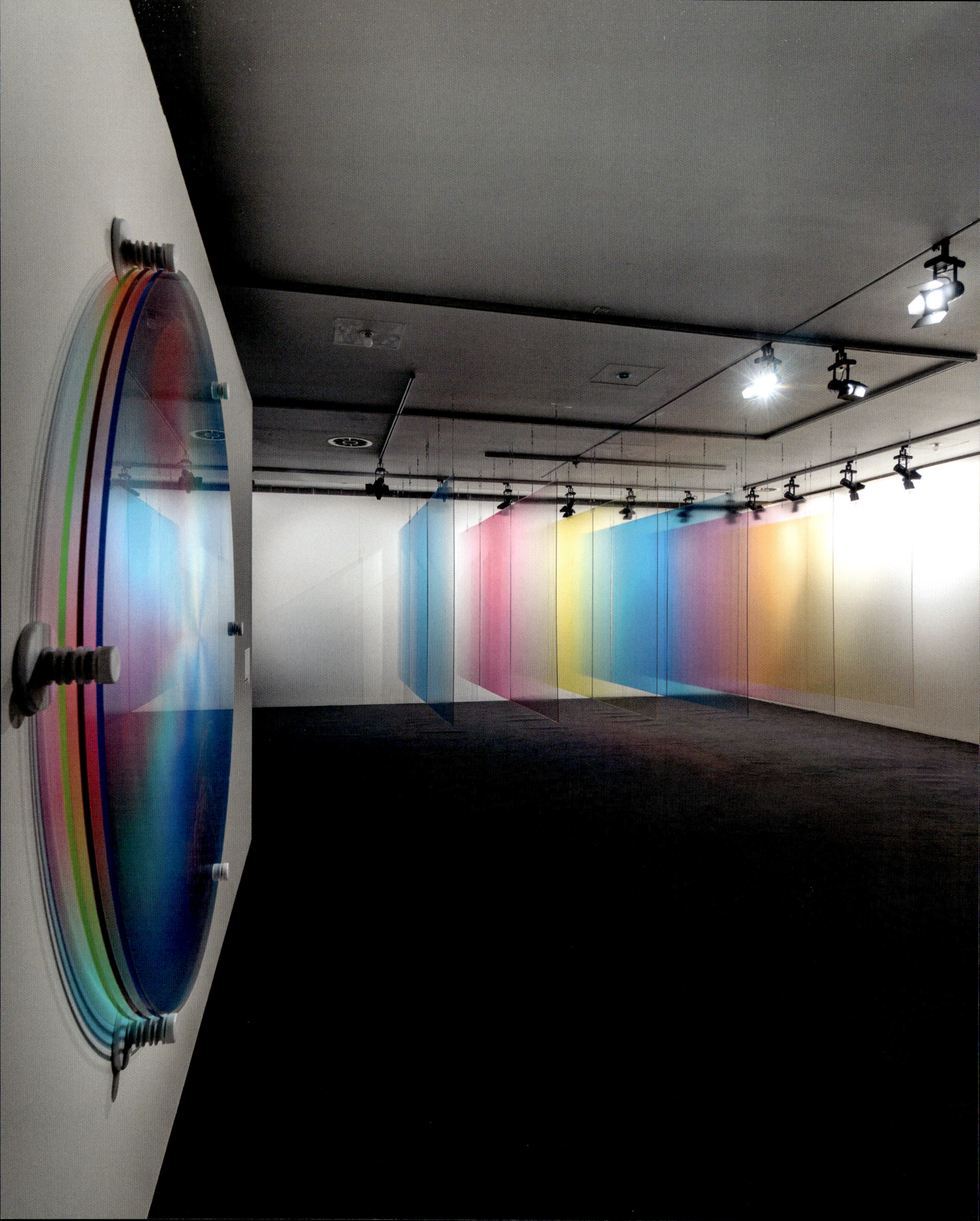

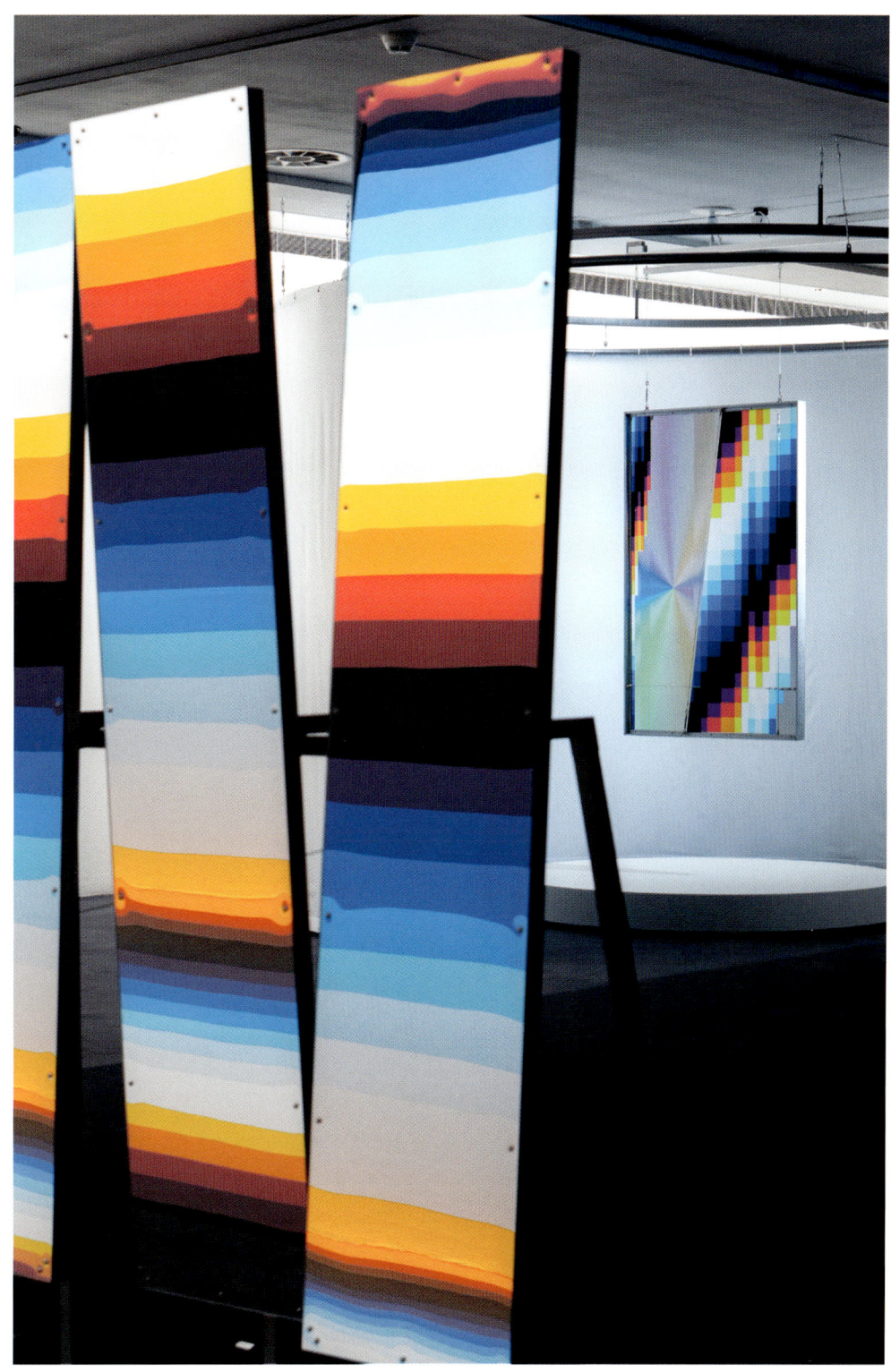

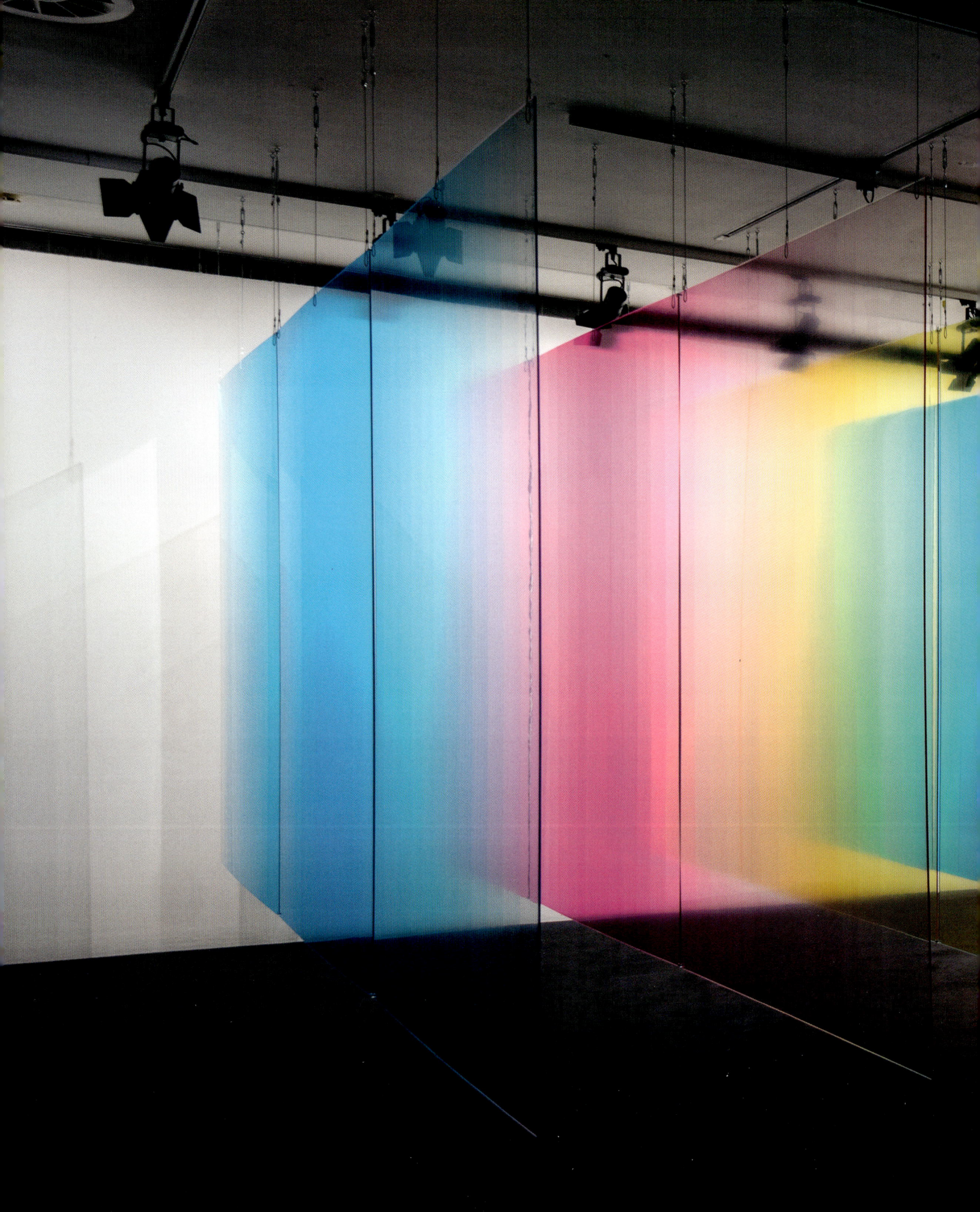

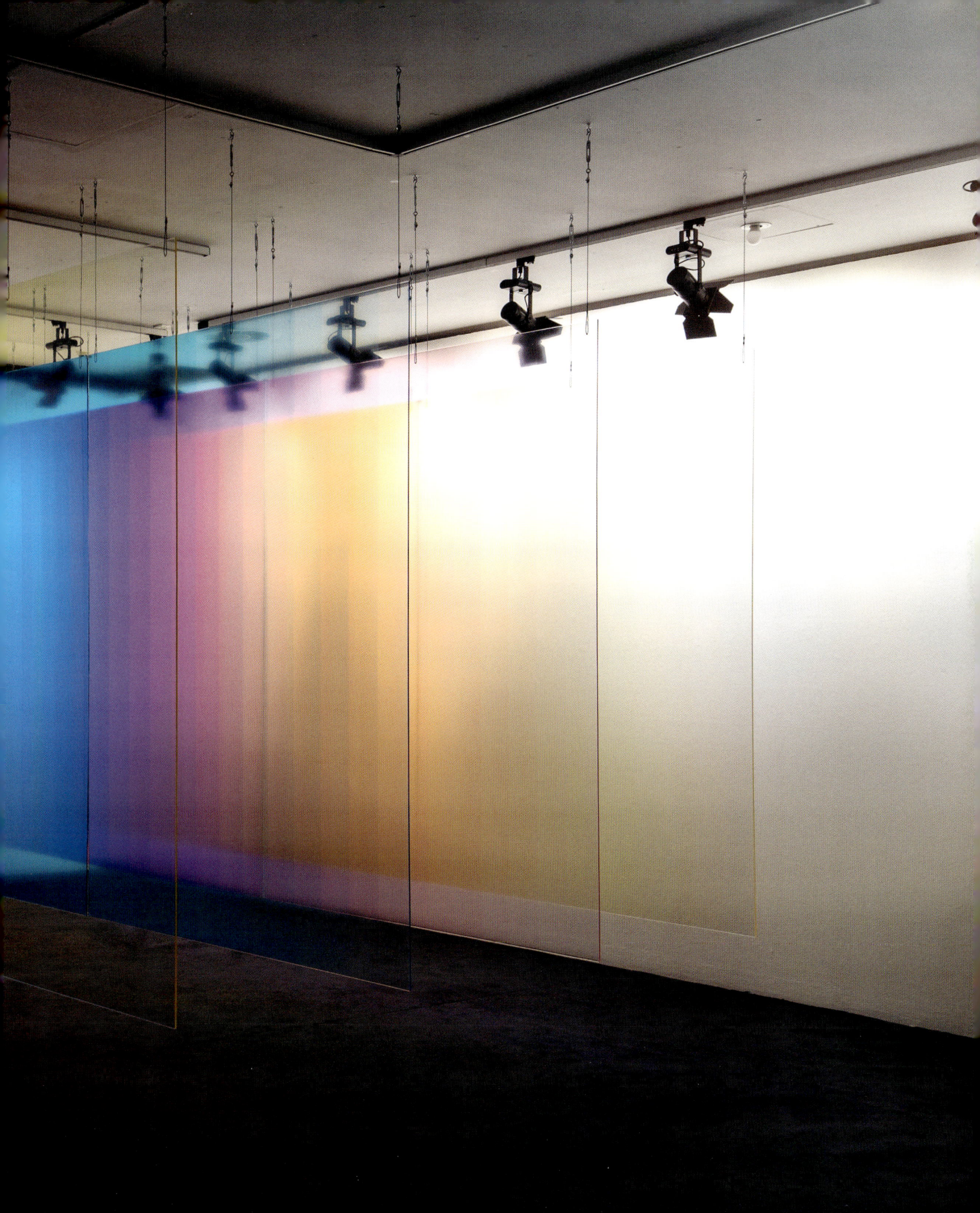

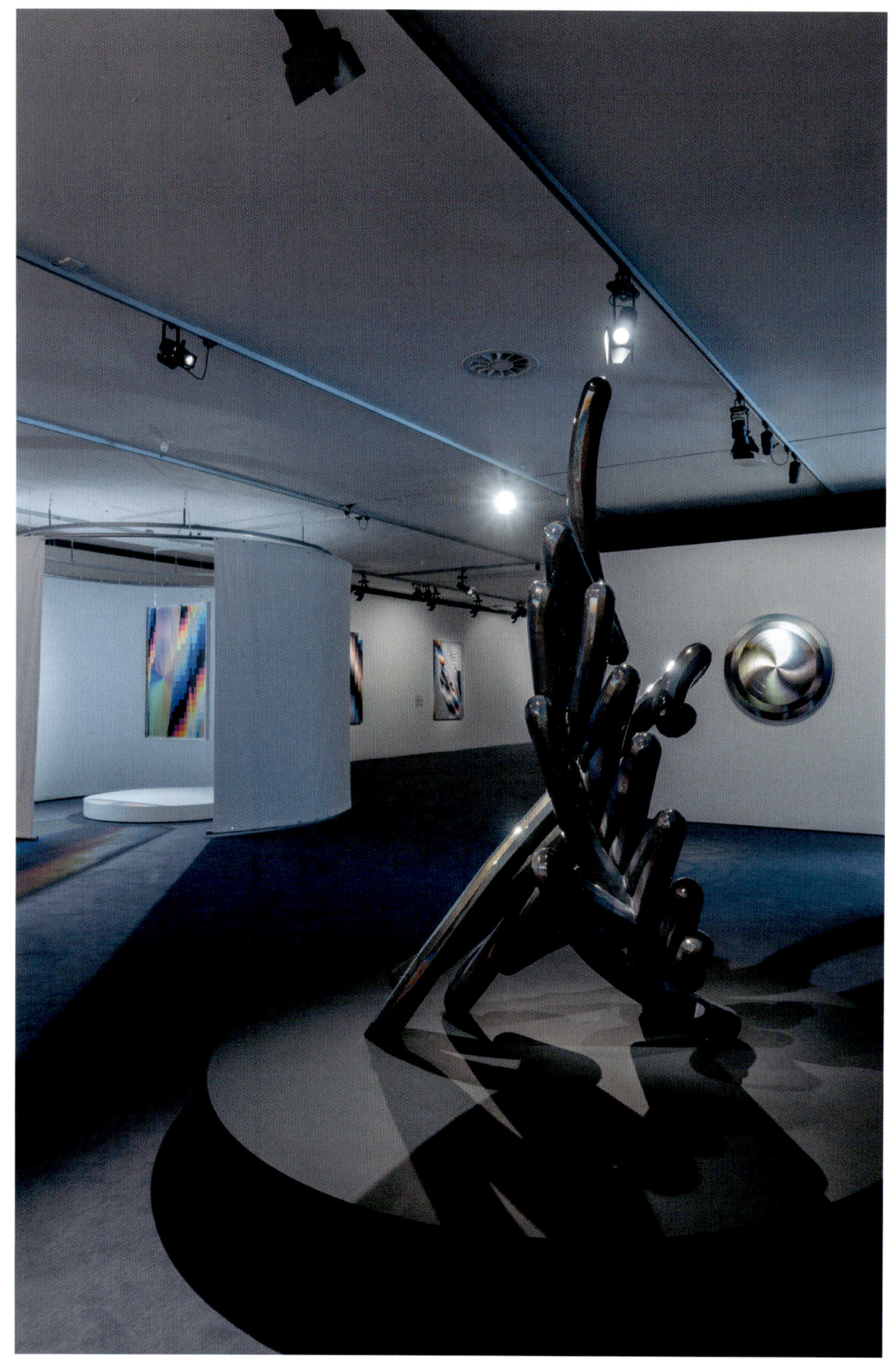

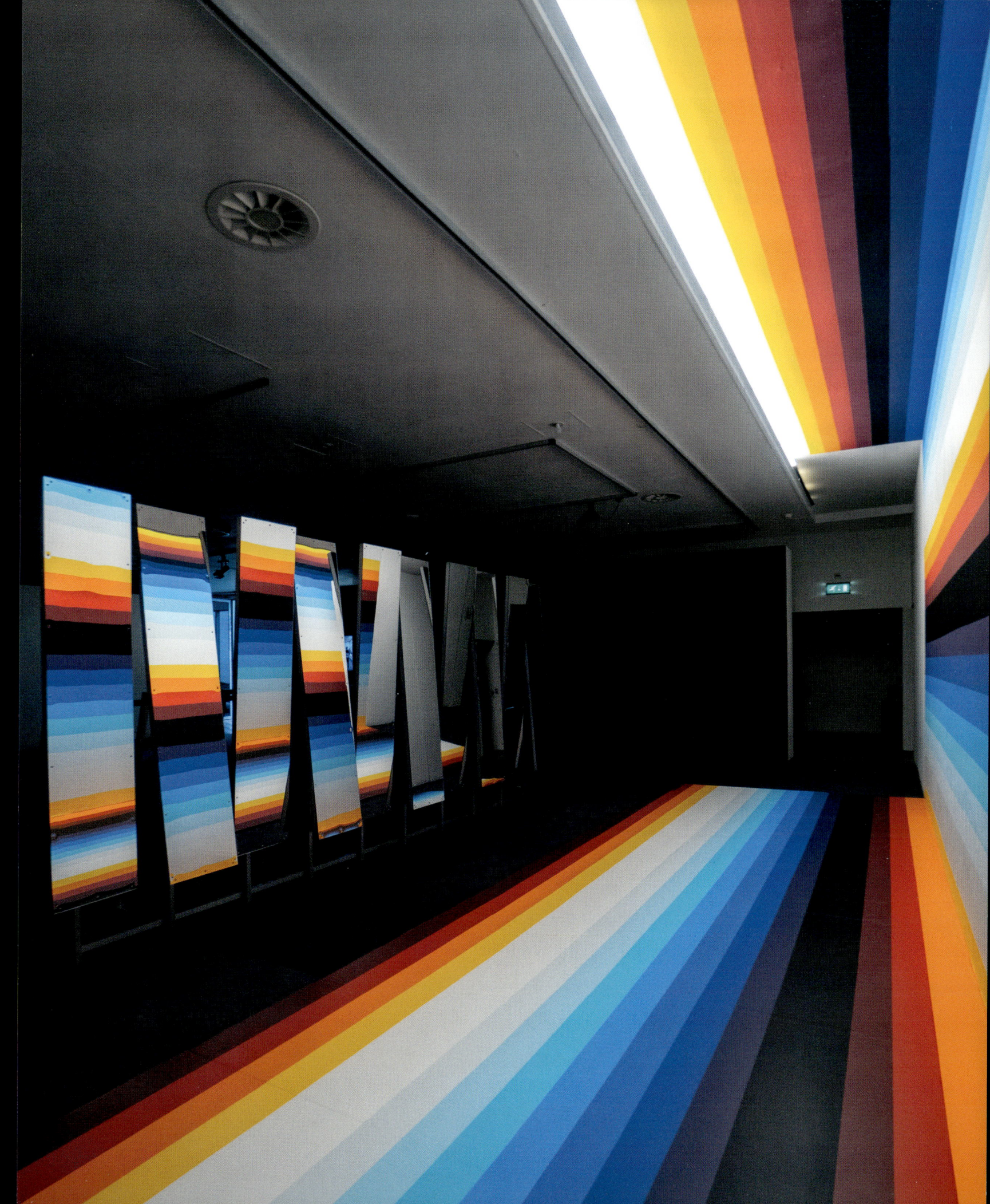

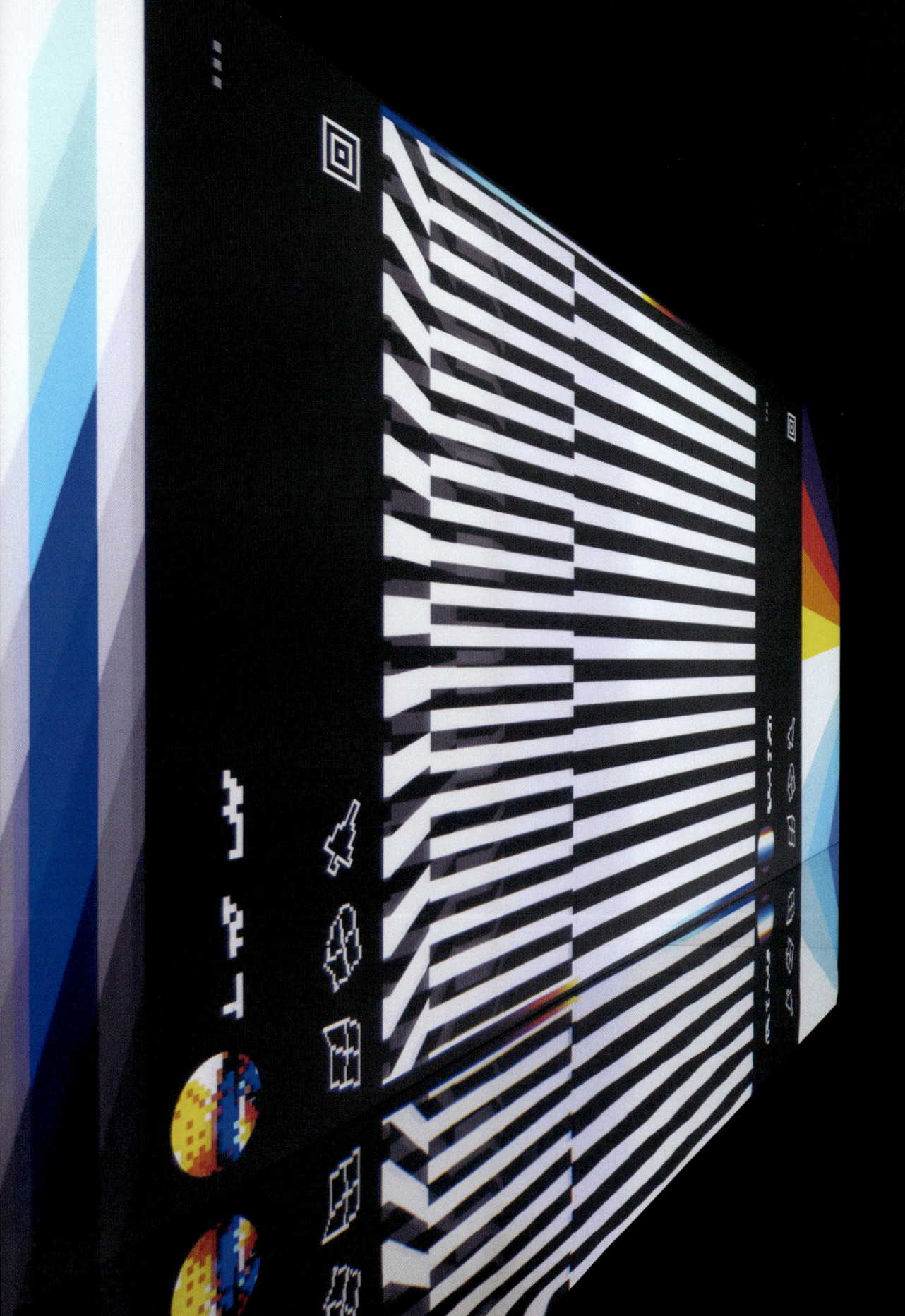

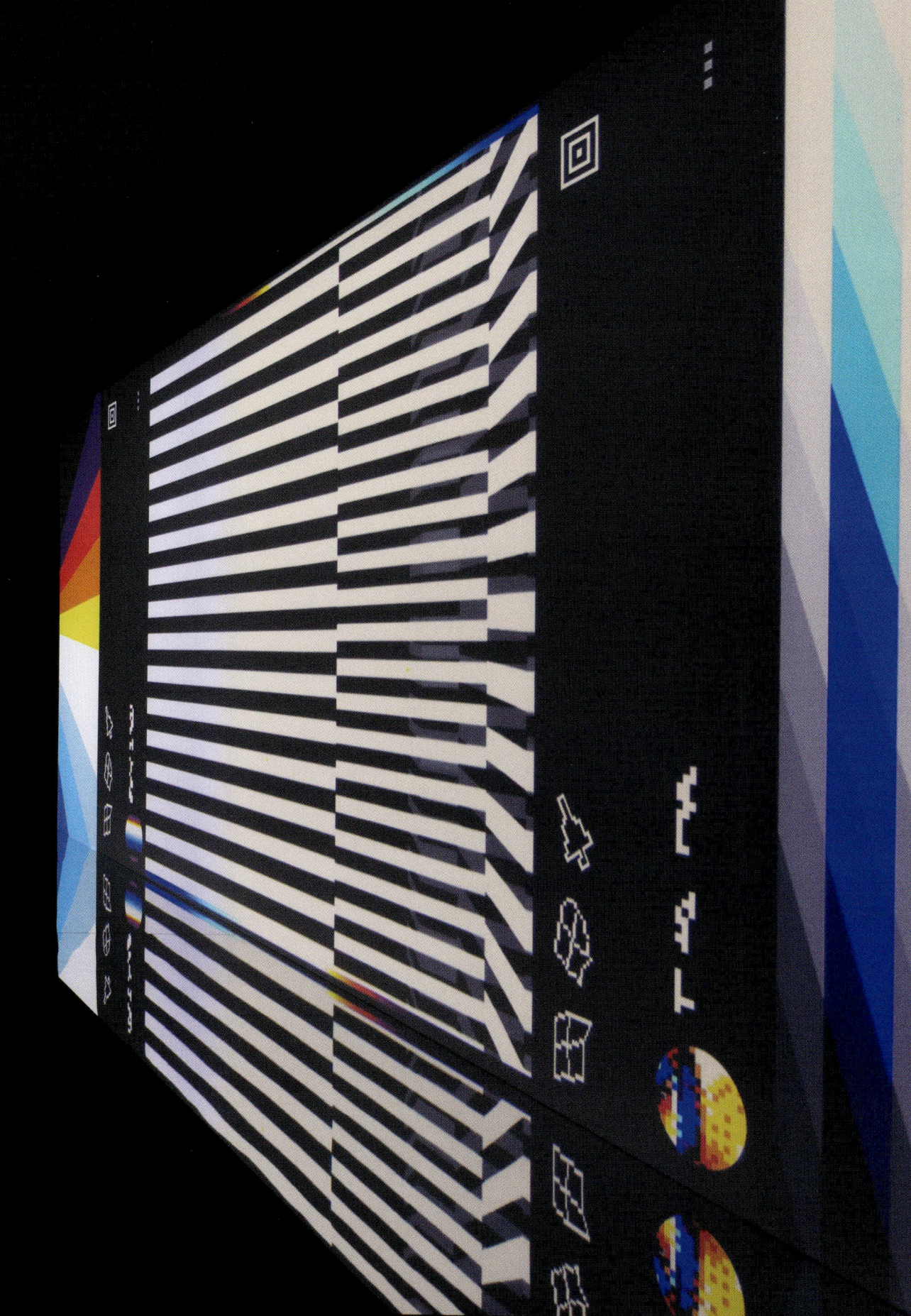

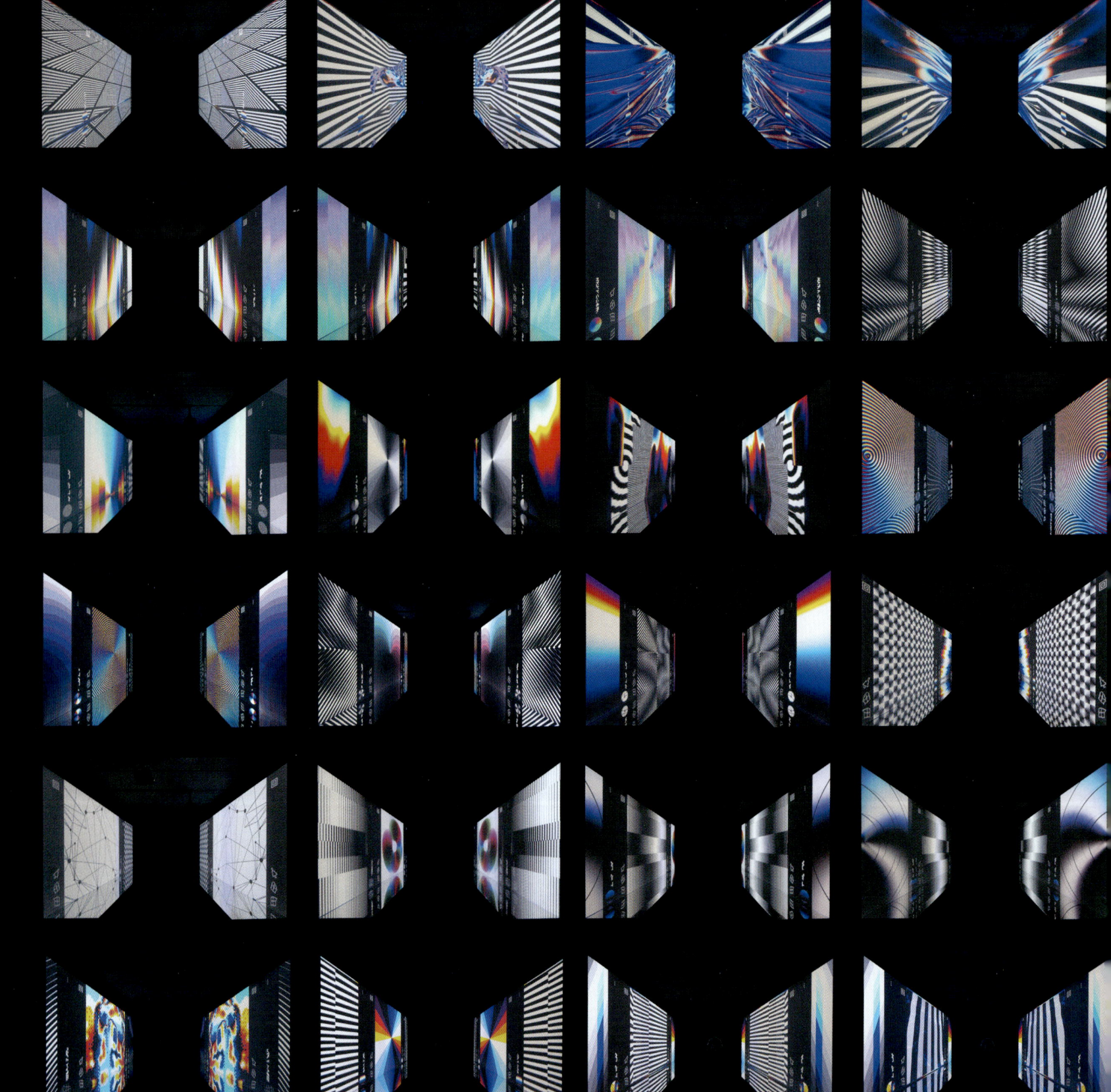

INFINITE SCROLL, 2023
Instalación de proyección, espejo y alfombra
600 x 400 x 275 cm

Utilitzant elements de colors i patrons en blanc i negre, l'animació de vídeo Infinite Scroll representa el desplaçament infinit en aplicacions com Instagram o TikTok.

Utilizando elementos de color y patrones en blanco y negro, la animación de vídeo Infinite Scroll representa un desplazamiento sin fin en aplicaciones como Instagram o TikTok.

Using coloured elements and black and white patterns, the video animation Infinite Scroll represents endless scrolling in apps like Instagram or TikTok.

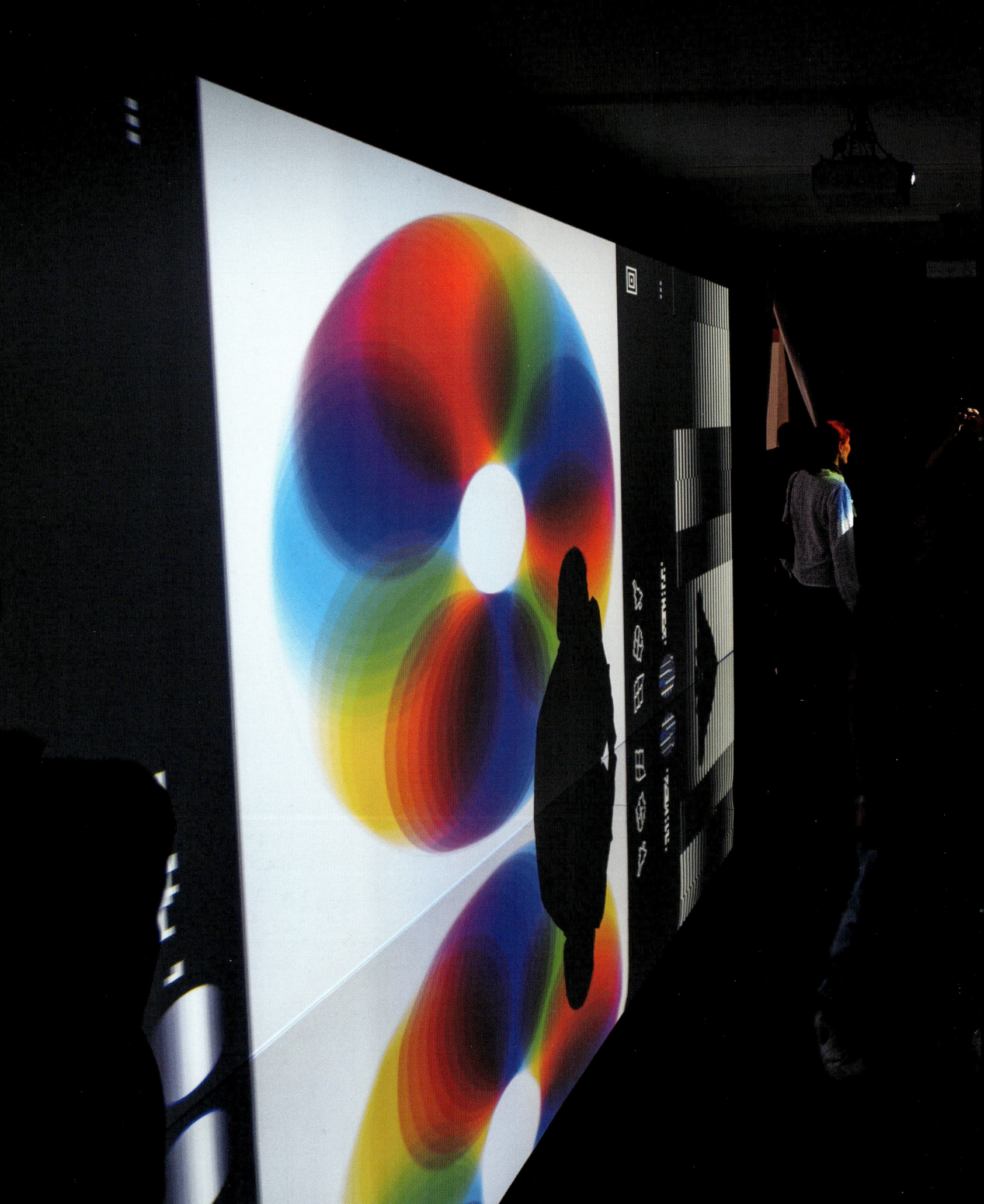

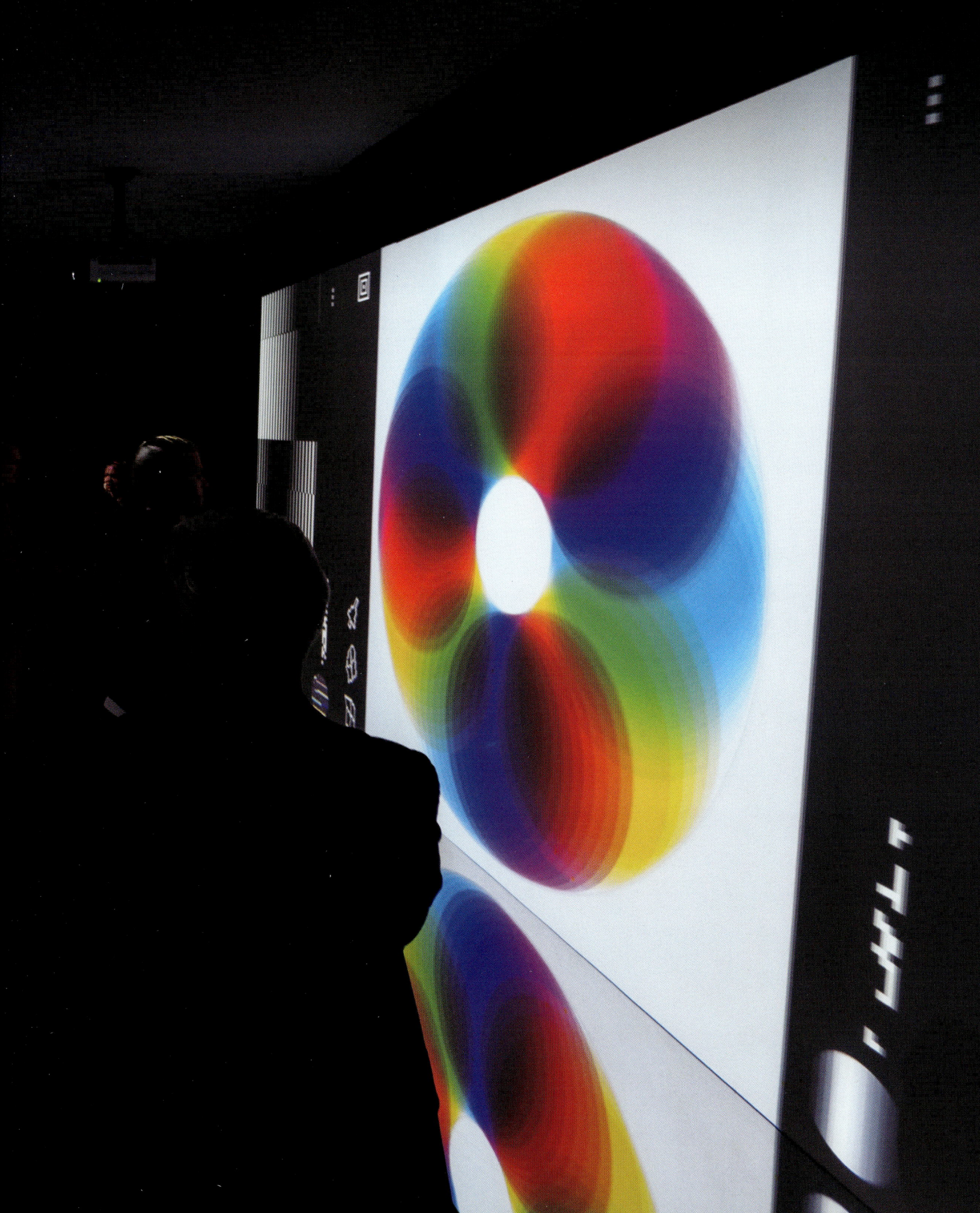

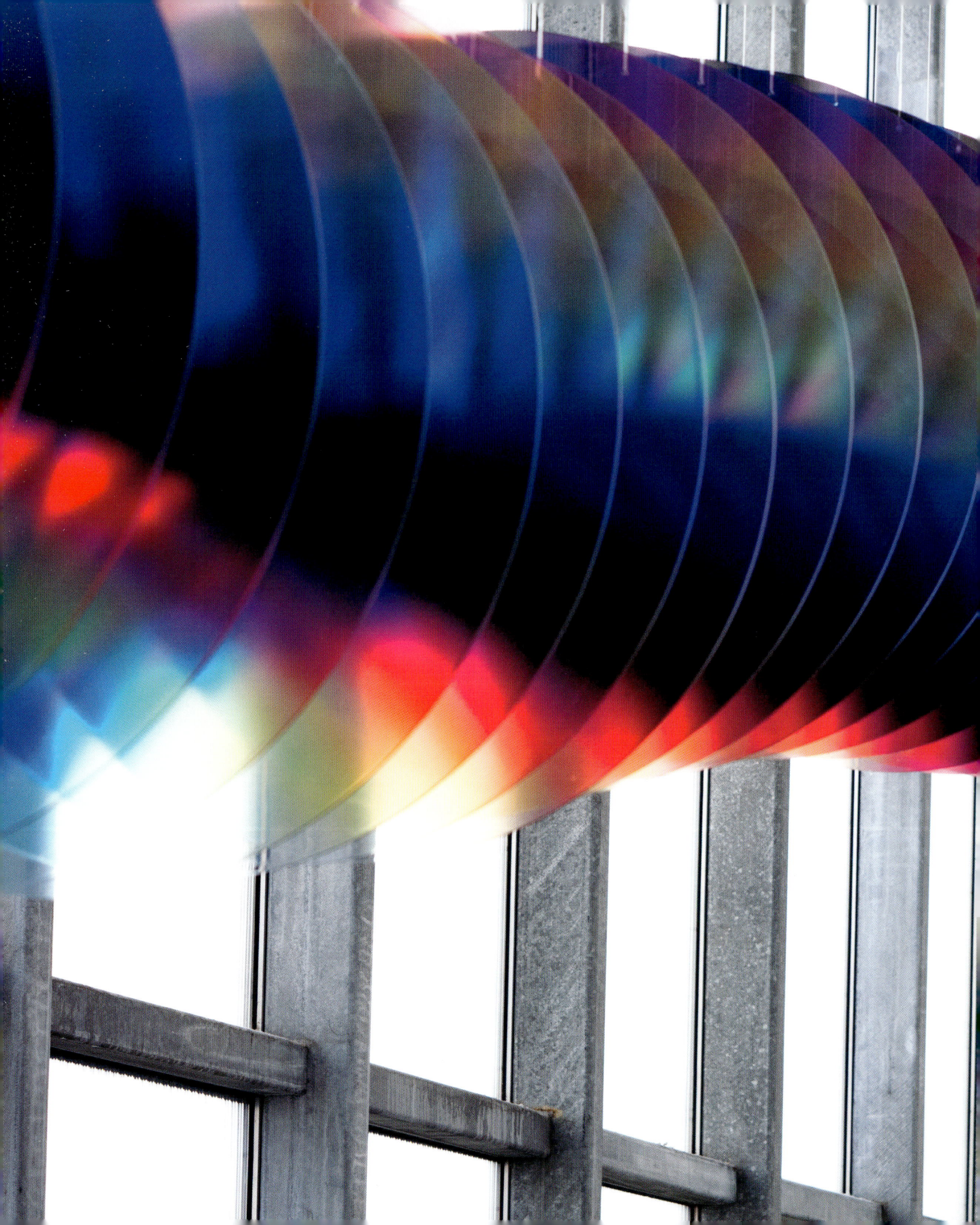

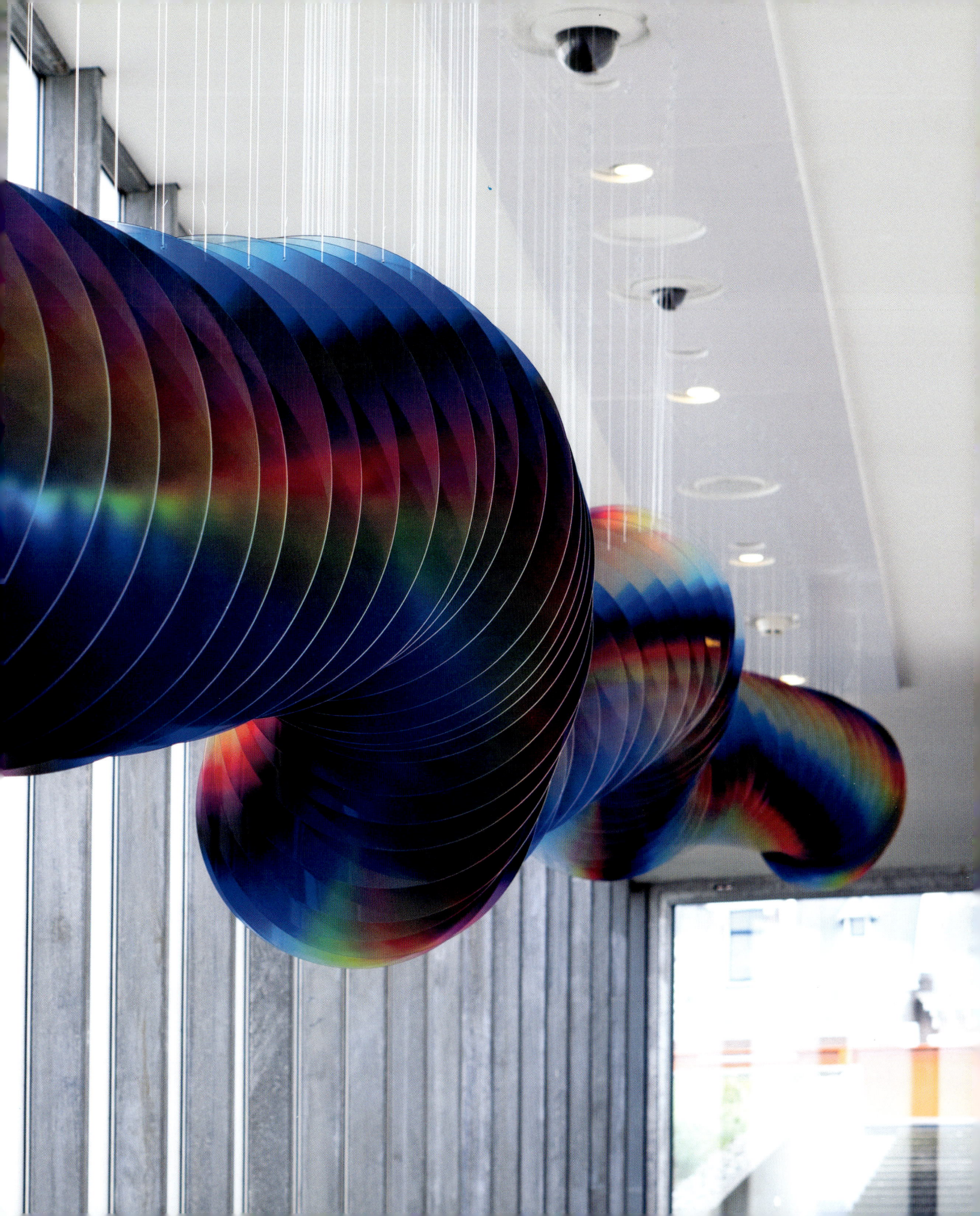

CONSORCI DE MUSEUS DE LA COMUNITAT VALENCIANA

Dirección - gerencia
Nicolás S. Bugeda i Cabrera

Coordinación de exposiciones
Lucía González Menéndez
Isabel Pérez Ortiz
Vicente Samper Embiz
Tatiana Muñoz López

Programas públicos
Eva Doménech López

Educación y mediación
José Campos Alemany

Jefa de Soporte Gestión Publicaciones
Claudia Hernández Pérez

Administración
Rosario Campos Saborido
Antonio Martínez Palop
Ana I. Moreno Miñana
Germà Sánchez Eslava
Teresa Soto Ortego
Ana Viña Sanchis

Secretaria de dirección
Francisca Pérez Royo

EXPOSICIÓN

Organización
Consorci de Museus de la Comunitat Valenciana
Kunsthal Rotterdam

Coordinación técnica
Lucía González
Maya Guerrero (FPSTUDIO)

Diseño, montaje y diseño gráfico
FPSTUDIO
Felipe Pantone, David Orus, Daniel Henarejos, Álvaro Góngora, Marta Senent, Javier Tejero, Lucas Pérez, Victor Montalban, Manuel Jiménez, Kezian Holland, Maya Guerrero, Marina Victoria

Seguros
Hiscox S.A.

CATÁLOGO

Textos
Charlotte Martens (Kunsthal Rotterdam)

Fotografía, diseño y maquetación
Álvaro Góngora (FPSTUDIO)

Impresión y encuadernación
Estilo Estugraf Impresores, S.L.

STUDIO FPS ↔ FPS STUDIO

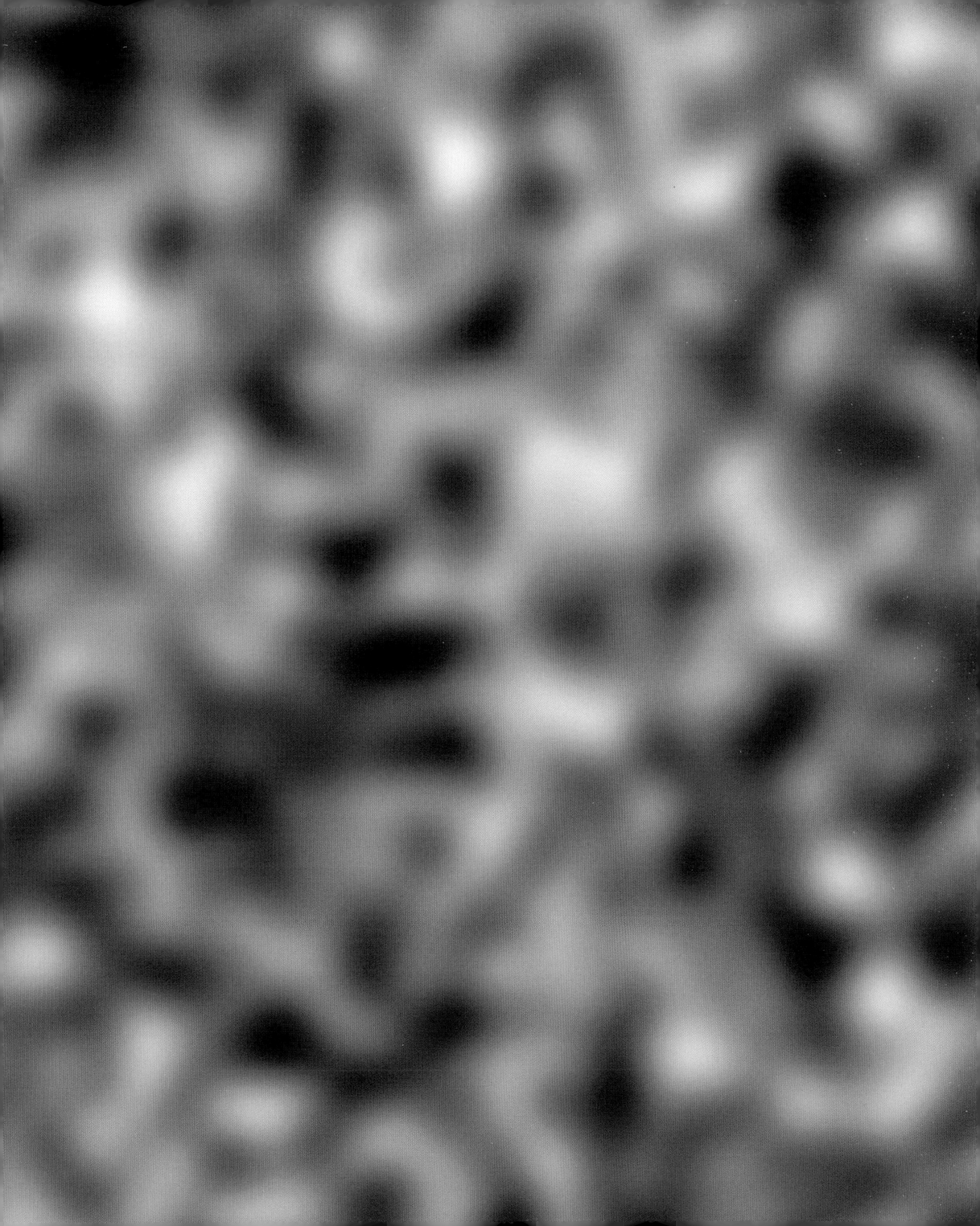

Felipe Pantone
→Prospectiva

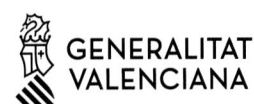

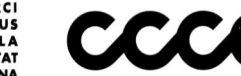

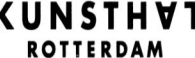